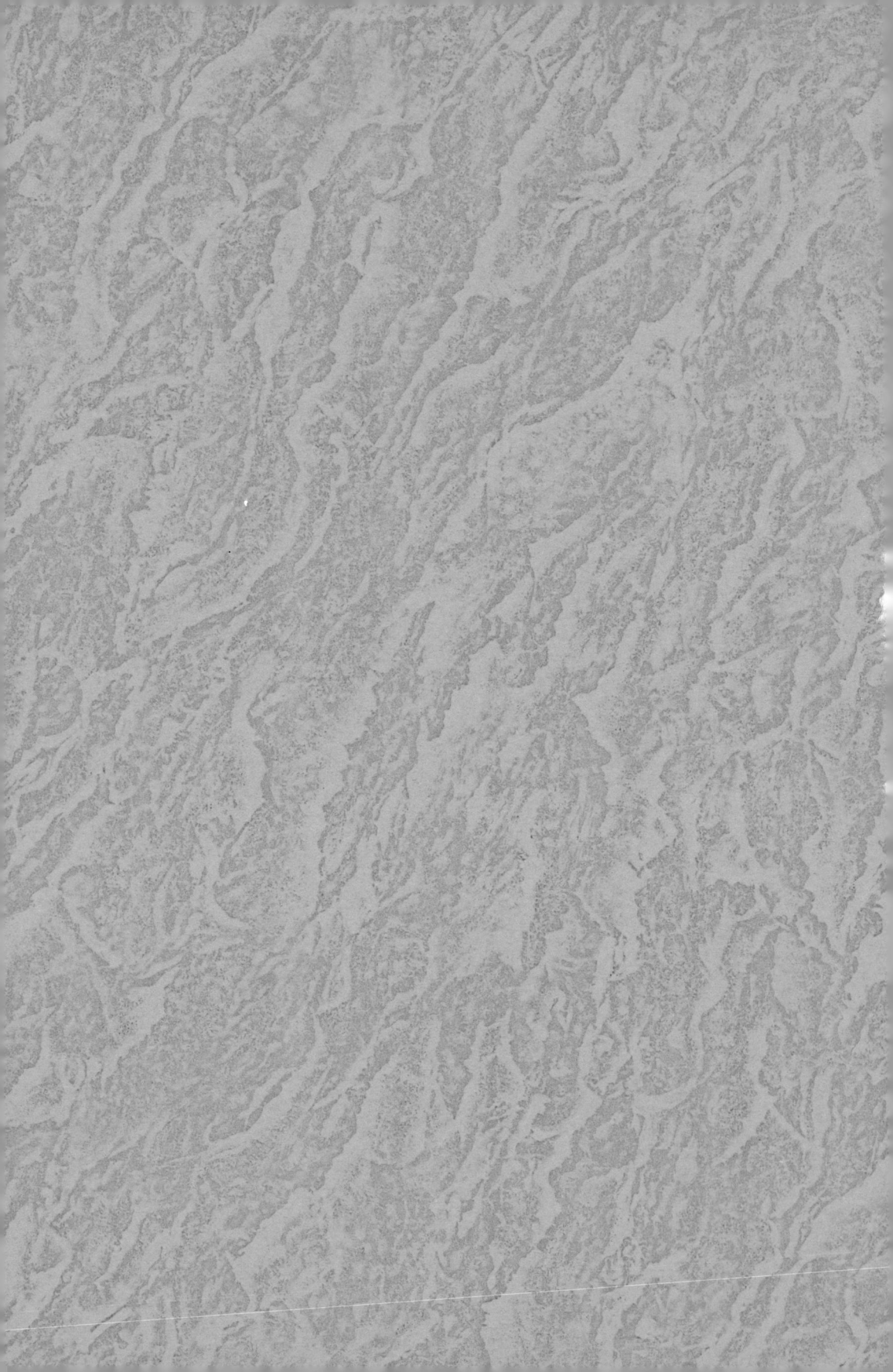

智说列子

张广智 著

中州古籍出版社
·郑州·

图书在版编目（CIP）数据

智说列子 / 张广智著 . —郑州：中州古籍出版社，2023. 2
ISBN 978-7-5738-0777-9

Ⅰ.①智… Ⅱ.①张… Ⅲ.①道家②《列子》-通俗读物
Ⅳ.① B223.2-49

中国国家版本馆 CIP 数据核字（2023）第 029415 号

ZHI SHUO LIEZI
智说列子

责任编辑	张　雯
责任校对	刘丽佳
美术编辑	赵启航
封面题字	李　强
插　　图	赵　曼
篆　　刻	张永乐
装帧设计	天外天

出 版 社	中州古籍出版社（地址：郑州市郑东新区祥盛街 27 号 6 层　邮编：450016　电话：0371-65788693）
发行单位	河南省新华书店发行集团有限公司
承印单位	河南瑞之光印刷股份有限公司
开　　本	720 mm×1020 mm　1/16
印　　张	15
字　　数	115 千字
印　　数	1—3000 册
版　　次	2023 年 2 月第 1 版
印　　次	2023 年 2 月第 1 次印刷
定　　价	99.00 元

本书如有印装质量问题，请联系出版社调换。

前言

我在《豫东 豫东》一书中，写有一篇小文《卜居圃田》，文意是我一不小心和列子做了邻居，幸有甚焉。

列子是郑国圃田（今河南郑州）人。现在郑州尚有列子墓、列子祠等遗存。近年来又成立有列子幼儿园、列子小学、列子书院等。每年还举办有不少关于列子的文化活动，充分证明了郑州人对这位古圣先贤的由衷敬爱。

因为工作关系，我每年都参加一些有关列子的活动，作为一个后生邻居，耳濡目染，浸润日深，越来越喜欢这位抱朴守素、洒脱旷达的道家先哲。

《列子》一书的真伪问题，在学界历来众说纷纭，分歧很大。加上有关列子本人的资料较少，导致《列子》一书与其他子书比起来被冷落了许多，治其学者寥寥。这不能不说是一件非常遗憾的事情。

《列子》一书中的寓言故事丰富多彩，在诸子百家中可谓独树一帜，出类拔萃。可是人们对其知之甚少。本人不揣浅陋，本着贴近原著、尊重原意、理成故事的原则，把《列子》一书析分梳理成136个故事，让更多的人接触《列子》、认识《列子》、喜欢《列子》、研究《列子》，以免这一中华传统文化的瑰宝被弃之山野，少人问津，湮其光泽。

列子其人

列子名御寇，又作圄寇、圉寇。

有人以太史公未为其立传为由，怀疑是否实有列子其人，我认为这是站不住脚的。从先秦典籍中看，列子有室有家，有师有徒，有朋有友，有事有迹，列子实有其人是毋庸置疑的。

列子在郑国圃田居住了四十年，因为他不结交权贵，不追求名声，求学时只接触自己的老师和同学，授业时只接触自己的学生和朋友，一心修习道术，研究学问，所以郑国的国君和卿大夫都不认识他。执政子阳听别人说了，才知道郑国还有这么一个人物日子过得穷困潦倒，赶快派人送去粮食，还被他拒绝了。

列子喜欢游览，认为游览是件非常美好的事情，并在游览中观察、研究天地万物的变化。这说明他是一个热爱生活的人。

列子的箭术也达到了很高的水准。他给伯昏瞀人表演射箭时，在拉满弓的肘臂上放一杯水，飞快地射出三箭，杯子滴水不溢。

列子的道术修习到可以御风而行的地步，《庄子》中有："夫列子御风而行，泠然善也，旬有五日而后返。"

列子被认为是道家传承中的重要一环。老子被认为是道家始祖，老子传关尹子，关尹子传壶子，壶子传列子，列子传庄子。

由于唐宋元明以来道教的兴盛，列子也被历代追捧，唐代诏封其为冲虚真人，宋代加封其为冲虚至德真人，元代又加封其为冲虚至德遁世游乐真君。

《列子》其书

《列子》一书命途多舛，屡经散佚。先秦典籍在流传过程中，发生增删讹误的现象也不少见，但像《列子》这样被判为伪书的也不多见。

判《列子》为伪书的主要理由，是说它有列子之后发生的事情和佛教因素的羼入，这是定评，但据此就判定《列子》为伪书是不足取的。

西汉刘向校书，应属国家行为，刘向所校《列子》和今世所传《列子》篇目完全一致。东晋张湛为《列子》作注，在序中对《列子》一书的来源聚散，交代得也非常清楚，详细说明了《列子》一书在永嘉之乱中的遭遇。张湛本有使《列子》保全并流传之功，反被有些学者指定为作伪者，张湛于地下不知会做何感想。

《列子》一书曾经辉煌过，西汉初年由于皇帝贵黄老之术，《列子》颇行于世，至唐宋时期达到顶峰。唐玄宗李隆基在开元二十五年（737），置玄学博士，指定《老子》《文子》《列子》《庄子》为必读书，号称"四玄"，与儒家"五经"相对应。唐玄宗李隆基于天宝元年（742），尊《列子》为《冲虚真经》。宋真宗赵恒，诏称《列子》为《冲虚至德真经》。宋徽宗赵佶诏立《黄帝内经》《道德经》为大经，《列子》《庄子》为小经，并诏太学、辟雍各置《黄帝内经》《道德经》《庄子》《列子》博士二人。

应该说，我们今天看到的《列子》一书，其中有真有伪，但它保存有古本《列子》若干内容和其他先秦文献的若干资料，这是难能可贵之处，不能仅仅被当作伪书看待。

《列子》的价值

《列子》一书有很高的理论价值和文学价值。学界多把关注点放在真伪之辨上，但对《列子》一书本身的价值重视不够。

列子的自然观是唯物的。列子认为有生有化是指世界上千差万别的具体事物，不生不化是指能产生世界万物的本源，即"道"。"道"不是上帝，而是一种物质，虽然自己不生不灭，无形无色，但它是万物之母。列子指出"道"是世界本源后，又具体阐述了道产生万物的过程。

列子的自然观是辩证的。它主张在"道"的主宰下，天地万物自生自化，自形自色，自智自力，自消自息。因为"道"的主宰，天地万物也是互相联系的，主张物损于彼，盈于此，成乎此，亏于彼。

列子的人生观，既关注群体，也关注个人，可以说既理智又辩证。主张贵己乐生，清静自守。不羡慕富贵权势，不为私欲束缚，自己的命运自己支配，生则顺之，死则捐之。不为名利所动，不为富贵累身。列子对生死的态度是磊落达观的，既不同于老子的长生久视，也不同于庄子的齐生死。

《列子》的特点是常将说理与叙事融为一体，相比《庄子》故事更加详整，说理更加充分，有很高的文学价值。南朝梁刘勰称赞："列御寇之书，气伟而采奇。"唐柳宗元称赞："其文辞类《庄子》，而尤质厚。"宋代著名道士陈景元称赞《列子》："辞旨纵横，若木叶干壳，乘风东西，飘飘乎天地之间，无所不至。"元高守元称赞："《庄》《列》二书羽翼老氏，犹孔门之颜、孟。微言妙理启迪后人，使黄帝之道粲然复见，功不在颜、孟之下。"近人钱锺书称赞《列子》："寓言之工于叙事，娓娓井井，有伦有序，自具一日之长。"

总之，《列子》一书有很高的阅读价值，王蒙先生称赞列子是寓言大家，是段子高手，并说："不读《列子》，白白当了一回中国人。"

目录

卷一 | 天瑞

列子居郑　　　　002
天地起源　　　　004
列子适卫　　　　006
人生四段　　　　009
荣启期　　　　　010
林类百岁　　　　011
子贡倦学　　　　013
列子论虚　　　　015
鬻子论道　　　　016
杞人忧天　　　　018
道可占乎　　　　020
盗亦有道　　　　021

卷二 | 黄帝

梦游华胥　　　　026
列姑射山　　　　028
列子学道　　　　029
醉酒不伤　　　　031
列子射箭　　　　032
商丘开　　　　　034
梁鸯饲虎　　　　038
颜回学舟　　　　040
观光吕梁　　　　042
痀偻承蜩　　　　044

好鸥鸟者　　　　045
穿石踏火　　　　046
季咸相壶　　　　048
十浆五馈　　　　051
杨朱受教　　　　053
妾美妾丑　　　　055
人与兽　　　　　056
芥氏之国　　　　057
朝三暮四　　　　058
呆若木鸡　　　　059
惠盎说康　　　　060

卷三 | 周穆王

穆王神游　　　　064
老成学幻　　　　067
八征六候　　　　068
三国有别　　　　070
梦醒移位　　　　071
蕉鹿之梦　　　　072
华子病忘　　　　074
迷惘之疾　　　　077
燕人归乡　　　　078

卷四 | 仲尼

仲尼闲居　　　　082

孔亢二圣	084	余音绕梁	126
谁是圣人	086	高山流水	127
孔子评学	087	偃师制伎	128
相邻不交	088	纪昌学射	130
列子好游	090	造父学御	132
文挚医病	091	来丹报仇	134
生死之道	092	锟铻火浣	137
物极必反	093		
圃泽东里	094		
公仪伯	096		
公子牟	098		
尧舜禅让	101		
关尹论道	102		

卷五 ｜ 汤问

汤夏对	106
愚公移山	111
夸父追日	113
圣人未知	114
终北国	115
奇风异俗	117
小儿辩日	118
詹何垂钓	120
扁鹊换心	121
师文学琴	123
响遏行云	125

卷六 ｜ 力命

力命争功	140
北宫西门	141
管鲍之交	144
子产杀析	147
季梁就医	148
杨布问道	150
纷纭众生	151
乐天知命	152
牛山堕泪	153
子亡不悲	155
顺势听命	156

卷七 ｜ 杨朱

真假名声	160
纵论人生	162

生怜死捐	164
管晏论道	165
酒色兄弟	167
端木疏财	170
杨朱达观	173
一毛不拔	174
四圣二凶	176
说梁惠王	179
杨朱诘名	180
人物公有	181
寿名位财	182
农人献曝	183
阴阳之蠹	184

卷八 | 说符

列子持后	188
谨言慎行	189
重利轻道	190
列子学射	191
识贤任贤	192
楮叶莫辨	193
列子固穷	194
顺昌逆亡	195
文公伐卫	197
晋国苦盗	198
诚能亲水	199

至言去言	201
持胜之道	202
好行仁义	203
以技干君	204
九方皋相马	205
修身治国	207
人有三怨	208
请封寝丘	209
牛缺遇盗	210
飞鸢坠鼠	211
死不食盗	212
知与不知	213
利出怨往	214
歧路亡羊	215
白狗黑狗	217
小心行善	218
不死之术	219
简子放鸠	220
鲍童诘相	221
岂辱马医	222
宋人拾契	224
枯梧不祥	225
疑邻盗斧	226
忘却脸面	227
齐人攫金	228

列子居郑

列子，名御寇，郑国圃田人。郑国圃田就在现今的河南省郑州市。

列子是一个很有学问修养的人，可又是一个性情非常淡泊的人，既不热衷求官，也无意经商营利，一心只想钻研学问，参透人生大道。列子在郑国生活四十年，当国的那些权贵们，国君呀，卿呀，大夫呀，没有一个人真正了解他。甚至大部分人根本就不认识他，平头百姓一个。

列子为了维持生计，教了一些学生。这些学生可能大都是平民子弟，很难对老师的生活有多大帮助，所以列子一家经常陷入贫困境地，时有衣食之忧。

有一年郑国闹饥荒，北边的卫国收成还不错，列子想去卫国。学生们听说后，都跑来看望老师。有劝老师不要走的，有担心老师再不回来的。

学生们围着列子说："老师呀，您要走了，还有什么话要叮嘱我们的吗？我们这些年跟您学道，实在还不明白什么是道。冒昧地最后请求您，把您在太老师壶丘先生那里学得的道，传授给我们吧！"

列子笑着说："壶丘先生哪讲过什么是道呀？不过有一次先生给我的同学伯昏瞀人讲话，我正巧在一旁听见，倒可以给你们说说，或许还有点意思。壶丘先生说，那生万物的事物自身不被他物所生，那化万物的事物自身不被他物所化。不能被他物所生的事物能生万物，不能被他物所化的事物能化万物。那不被所生的事物可以独立永存，那不被所化的事物可以循环复始。"

列子说完后，有的学生脸上露出会心的笑容，似有所悟。有的学生懵懂迷茫，一头雾水。

天地起源

列子做的学问，是大学问。大到想弄明白世界万物是怎么来的，想弄明白天地是怎么来的。

列子认为：天地的生成经过四个阶段。

第一个阶段叫太易。易就是变化，只有发生变化才能从无生有。太易阶段开始发生变化，但什么还没有生出。

第二个阶段叫太初。太初阶段元气开始萌发。

第三个阶段叫太始。太始阶段元气形成，并具备了一定的形态。

第四个阶段叫太素。太素阶段元气不仅有了形态，而且有了固定的性质。

经过四个阶段，元气、形态、性质尚未分离，处于浑沦状态，也就是所谓混沌状态。什么也看不见，什么也听不到，什么也摸不着。又经过不断变化，轻巧清灵之气上升成为天，厚重浑浊之气下沉成为地，阴阳二气交合成中和之气，生为人。天地间蕴含的阴阳精气，化生为世界万物。

列子认为：天地万物，包括人，各有职分。天的职分是覆育人类和万物，地的职分是承载人类和万物，圣人的职分是施行教化。然而，天有所短，地有所长，圣人也有不足，这是由隐藏在其中的道所决定的。道本身没有知觉,没有形态,不发生变化。却又无所不知,无所不能。

列子适卫

列子要去卫国，众弟子不舍。

一个叫百丰的弟子说："老师呀，您年纪大了，路途这么远，我们放心不下，我想陪您一起去卫国，多少有个照应。"

还有几个弟子，也说要陪老师一起去。

列子推托不过，只好带了几个弟子同行。一路上大家有说有笑，有时讨论些学问，有时也说些民间趣闻。

一日行至中午，大家感到饥肠辘辘，就问老师是否停下吃点干粮再赶路。列子说："好呀，这路旁挺干净，就在这里吃吧。"

列子正欲席地坐下，百丰说："老师您等等，我去拾把野草垫地上，您再坐。"

百丰到地里去拾野草，突然发出一声尖叫，看样子吓得不轻。大家围拢去看，原来是一个死人的头骨。

列子走过来，拨开乱草，指着头骨说："只有我和它知道世界上没有生也没有死的道理。难道死去就那么可怕，活着就那么欢喜吗？万物的生命都产生于大道，死后又归于大道，死和生都是道的表现形式。"

百丰问列子："人的生命有长有短，可是人们为什么都盼着长寿呢？"

列子借黄帝之名说:"一切有生命的事物,终将返回到没有生命的状态,要想使生命永恒是办不到的,这是自然法则。该活着时活着,是上天给的福分;该死去时死去,也是上天给的福分。该活着时不活着,是上天给的惩罚;该死去时不死去,也是上天给的惩罚。"

吃过干粮,弟子们招呼老师上路后,一时陷于沉默,各自思量着老师关于人的生死的高论。

人生四段

列子认为人一生经历四个阶段,即婴儿、少壮、老迈、死亡。

婴儿阶段:人在婴儿阶段尚无对外物的分别意识,因而心气是合一的,精神是充盈的,德行是圆满的,外物不能伤他,德行也无法要求他。

少壮阶段:人在少壮阶段,青春洋溢,血气扬发,产生了思想,产生了欲望,难免受到外物也就是世俗世界的种种引诱和侵扰,婴儿时期的圆满德行就越来越衰减了。

老迈阶段:人在老迈阶段,欲望少了,忧虑少了,身体也不行了,不再像少壮时那样计较得失了。德行比起少壮时有所区别,但比起婴儿时期仍差得很远。

死亡阶段:到了死亡的时候,就是休息了,就是睡着了,回到了人出生前的那种状态。

列子把人从出生到死亡的变化,看成是很自然的事情。他特别赞美婴儿阶段的懵懂无知、天真未凿状态。对少壮阶段的血气方刚、多欲多虑提出警醒。对老迈阶段的衰飒柔弱以期能返老还童。对于死亡的到来则安之若素,纵浪大化。

荣启期

荣启期是春秋时期的著名隐士，精通音乐，博学多才，其知足常乐的思想很受道家尊崇。

有一次，孔子去泰山游览，在郕地的田野上碰到须发皆白的荣启期。荣启期身穿破旧的皮袍，腰里扎根碎布编成的带子，一边弹琴一边唱歌，一副快乐无比的样子。

孔子趋前问道："先生，看您这么快乐，不知遇上什么好事了？"

荣启期笑呵呵地告诉孔子："快乐的事太多了。天生万物，人是最尊贵的，我能生而为人，当然快乐了；人分男女，男尊女卑，我能生而为男人，当然快乐了；有的人从母腹中还没有生出来，没见过天日就死了，有的人生出不久就夭折了，我已经活到九十多岁，身子骨儿还这么硬朗，能吃能睡，当然快乐了。至于说日子过得穷点，这对于读书人来说不是很正常吗？至于说死亡，对我这样大年纪的人是很自然的事，有什么忧愁可怕的呢？所以我怎么会不快乐呢！"

孔子称赞道："好啊，真是一个能自我宽慰、思想通达的人呀！"

林类百岁

林类是春秋时代的隐士。

林类先生快一百岁了,生活过得窘迫,春天了还穿着冬天的皮袄。一天,他在收割过的麦田里拾人家遗留的麦穗,边拾边唱歌。

孔子要去卫国,正巧从旁边经过,看到这种情境,孔子认为这个老者不是平常之人,就回头对弟子们说:"这老先生很有意思,你们谁去上前请教请教?"

子贡说:"老师,我去吧。"

孔子点了点头。

子贡在地头迎上了林类,恭敬地打招呼:"老先生,您这么大年纪了在这里拾麦穗,还能且行且歌,难道对自己的人生没有什么遗憾吗?"

林类听了子贡的问话,并不停下来,嘴里仍然哼着歌。半天才抬起头来,看了子贡一眼,幽幽地问道:"我能有什么可遗憾的?"

子贡笑言:"听说您少小时也不怎么努力学习,长大了也没追求什么事业,到老了孤身一人,无儿无女,一大把年纪说不定哪天就可能死去,可您还能这么高兴,我真想听听老人家的高见。"

林类笑着说:"我之所以高兴的事,人人都经历过,只是他们不知道高兴,反而愁烦。少小时不努力学习，我从来没有学习的压力。长大后不与人竞进，我从来没有做事的麻烦。什么时候都快快乐乐，所以我才能活这么大年纪。现在老了，无儿无女，这世上没有挂心的人了。活了个长命百岁才死，是到了该死的时候了，我为什么会不高兴呢？"

子贡说："先生，长寿是人人盼望的，死亡是人人厌恶的，为什么您却以死亡为快乐呢？"

林类说："生与死本来就是一回事，这边死了那边生，这边生了那边死，无所谓。我怎么能知道辛辛苦苦求长生，不是犯糊涂呢？我又怎么能知道我今天的死不如往日的生好呢？"

子贡听了林类的话，不能理解其义，摇了摇头，回来告诉了孔子。

孔子说："我看他不是平常人，果然是这样。不过他说的道理还没达到圆满的地步。"

子贡倦学

子贡对学习感到了厌倦，告诉孔子："我想休息一段时间。"

孔子说："人生没有什么可休息的。"

子贡说："难道我永远都找不到一个可以休息的地方吗？"

孔子说："有啊，你看田野里那些坟头，高高的，大大的，鼓鼓的，中间空空的，与外界隔绝着，到那里就可以休息了。"

子贡说："伟大的死亡呀！君子在那儿休息，小人在那儿隐藏。"

孔子对子贡说："赐啊，你总算明白了。人们都知道活着的快乐，不明白活着的痛苦。都知道年老的衰弱，不明白年老的安逸。都知道死亡的可恶，不明白死亡就是一种休息。还是晏子说得好啊，他说人有生就有死，自古就是这样，只是明白人把死亡当成休息，糊涂人把死亡想得很可怕。"

孔子看了看子贡，继续说道："所谓死亡，就是回归了本真，回到了原初状态。古时候把死人叫作归人，死去的人是归人，活着的人就是行人。人们出行在外，不知回家，就成了弃家不顾的流浪人。一个人抛弃家庭，所有的人都会责备他。世上有些人离开故乡，抛别亲人，废弃家业，四处游荡而不知归家，一定是个狂荡的人。有些人热衷世事，沽名钓誉，自以为机巧干练，不知适可而止，人们认为这种人是深谋智慧的人。其实这两种人都有缺失，世人可能会否定前者，赞成后者，只有圣人才知道取舍，明白去从。"

子贡听了孔子一番话，似乎明白了其中道理，表示不休息了，继续跟着老师好好学习。

列子论虚

有人问列子："先生，您为什么以虚为贵呢？"

列子回答说："虚无本身是没有贵贱的。虚就是空，一切都空了，哪还有什么贵贱呢？"

列子又从"虚"谈到了"名"："所谓虚就是个名称，就是个代号，用这个名称和代号形容道的一种境界。如果真能做到空灵、宁静、虚无，那就掌握了道，就回归到了完满的原初状态。如果为名所累，去索取，去给予，就违背了道，就丧失了根本。等到事物的本性被破坏了，再说什么仁义道德也不能恢复了。"

先天的道德是完满的、光明的、空灵的，一旦丧失，只有求助于仁义。靠仁义也无救时，只有求助于法治。法治也不灵时，只有求助于暴力。一个人是这样堕落的，一个社会也是这样堕落的，历史的规律就是这样。

鬻子论道

鬻子，姓芈，名熊，是道家早期代表人物之一。是楚国的先祖，楚国开国君主熊绎的曾祖父。

商朝末年，鬻熊投奔周文王，因为他是火正陆终的后裔，做了周文王的火师（祭祀时持火之人），也有说他是周文王的老师。周成王时，念他佐周有功，封了他的曾孙熊绎为子爵，始建楚国。有《鬻子》一书传世。

列子在这里记载了鬻熊有关事物变化的论述。

鬻熊认为：世界万物的变化永不停息，只是这种变化是在悄无声息地发生着，人们不易觉察罢了。事物在这里亏损了，就会在那里充盈。事物在此处完成了，就会在彼处毁坏。这种随时随地发生的亏损、充盈、完成、毁坏，来来往往，连续不断。过程中发生细微变化时，人们不容易发现。只有到了一种事物突然生成，或突然毁掉，人们才会发现。正像一个人从出生到老死，他的形貌、气色、智力、仪态，无时不在发生着变化。皮肤、指甲、头发，不断生长，不断脱落。一个婴孩，如果你天天见，不觉得他在成长，如果很长时间不见，猛然一见，你会觉得他长大了，长高了。

鬻子这段论述中，既有量变质变的问题，也有否定之否定问题。道家主张事物生生不息的变化,发生细微变化时人们不易察觉,等到变化结果出现时,人们才会明白。

杞人忧天

杞国有个人,整天担心天会塌下来,吃不好饭,睡不好觉。

另一个人,担心这个杞国人会愁出毛病来,就去开导他,说:"这个天呀,只是无边无际的空气,怎么会塌下来呢?我们整天就生活在空气中,呼的是空气,吸的是空气,所以天是塌不下来的。"

杞国人说:"照你这么说,天是空气,那太阳、月亮、星星会不会掉下来呢?"

开导者说:"太阳、月亮、星星不过是空气中会发光的物体,是不会掉下来的,即使掉下来,也砸不伤人的。"

杞国人说:"那地呢,地要是陷下去,我们在哪里立足呢?"

开导者说:"地无处不是积聚起来的土块罢了,土块填满了四面八方,没有一处没有土块,你整天在地上走呀、踩呀、跑呀、跳呀,不是也没陷下去吗?何必担心呢?"

于是,这个杞国人内心释然了,拉着开导者的手表示感谢,开导者内心也充满了欢喜。

楚国人长庐子听说了杞国人的故事,笑了笑说:"彩虹呀,云雾呀,风雨呀,一年四时呀,这是气的积存形成了天；山岳呀，河海呀，金石呀，树木呀，这是物体的积存形成了地。那怎么能说天地会万古不坏呢？天地在太空中，只是一个细小的存在，在我们人类看来是非常巨大的，难以终结，难以穷尽，难以测其深浅，难以把握其变化。担忧它们毁坏，实在想得太遥远了；说它们就不会毁坏，也是不对的。天地终究是要毁坏的，谁能说这种担忧是没有道理的呢？"

列子听到这件事也笑了，说："认为天地会坏可笑，认为天地不会坏也可笑。天地会不会坏，不是我们所能知道的。活着的人不知死后的事情，死去的人不知生前的事情，天地会不会坏这样的事情，何必把它放在心上呢？"

道可占乎

有一天舜问他的丞相:"圣人都讲修道,人可以获得并占有它吗?"

丞相说:"你的身体都不是属于你的,怎么能占有道呢?"

舜说:"我的身体不属于我自己,那属于谁呢?"

丞相说:"身体不属于你,那只是天地赋予你的一个形体;生命不属于你,那只是天地之间的阴阳之气交合于你;性命的生灭不是你自己决定的,气聚而生,气散而灭;子孙后代也不属于你,那只是天地真气连续流动变化的结果。所以,出行不知到哪里去,居住不知身在何处,饮食不知什么滋味。这都是无所不在的气在起作用,又怎么可以占有它呢?"

盗亦有道

齐国有户姓国的富人，宋国有户姓向的穷人。姓向的非常羡慕姓国的富有，于是就从宋国跑到齐国，向姓国的请教致富之道。

姓国的告诉姓向的："我之所以富有，因为我擅于偷盗。当初我偷盗的时候，一年就能够自给，两年达到富足，三年就富甲一方，后来我就可以接济街坊邻居了。"

姓向的听了十分高兴，自以为终于找到了致富的门路，以后再不用受穷了。可是他只听到了偷盗可以发财的话，并没有弄明白偷盗的道理。回到宋国后，就干起了越墙入室的勾当，作案时凡是手摸得到的、眼看得见的东西，没有不拿走的。不长时间就犯了案，以赃定罪，连以往积攒下的家产也被罚没了，日子过得比以前更窘困了。

姓向的以为姓国的欺骗了他，就跑去找姓国的抱怨不已。

姓国的就问姓向的是怎么进行偷盗的，姓向的就把自己偷盗的情形叙述了一遍。

姓国的说："唉，你怎么能把我的话误解到这个地步呢？现在我告诉你，天有四季节令，地有山泽林木，我偷的是天时地利。云和雨的润泽，山川林莽的物产，用来繁育我的庄稼，修造我的房舍。陆地上的飞禽走兽，水里的鱼鳖虾蟹，原本都是自然界生成的，都不是我的，我把这些东西偷回来，变成了我的财富，也不会遭受什么祸患。至于金银珠宝、粮食丝绸、财物货币，那些人造的东西，都各有其主，你是去把别人的东西偷回来据为己有，结果被判罪又能怪谁呢？"

听了姓国的一番抢白，姓向的仍然想不通，以为国氏在继续欺骗自己。你把不是你的东西拿回家就正当，我把不是我的东西拿回家就有罪。于是，就找很有人望的东郭先生去评理。

东郭先生开导姓向的，对他说："要说偷盗，你的身体就是偷来的，偷的是天地的阴阳二气，阴阳二气因缘和合才有了你。身外之物就更不用说了，都是你从自然界中偷来用的。姓国的偷盗，是正常的利用大自然的行为，符合公道，所以没事。你为了发家偷盗别人的财产，违背了公道，当然获罪。偷盗也有它自身的道理的。"

姓向的听了东郭先生的一番话，明白了事情的道理，心悦诚服地回去了。

卷二

黄帝

梦游华胥

黄帝执政十五年,因为一直受到天下百姓拥戴,内心非常欢喜,于是就开始保养身体,听好听的,看好看的,吃好吃的,闻好闻的,尽情地享乐。结果皮肤发黑发焦,头脑昏昧不爽,身子骨儿也越来越弱。黄帝反省自己,觉得这样下去恐怕不行,只顾自己享乐,天下如何大治。于是撤下钟鼓乐器,降低膳食标准,全身心投入到政事上,竭尽自己的聪明才智,管理天下百姓。又过了十五年,结果仍然皮肤干枯,面色灰暗,神志迷离,身体乏力。黄帝仰天长叹:"我犯的错误很严重了。我一心保养身体不行,一心治理天下也不行,该如何是好呢?"于是,干脆放下繁忙政务,离开宫殿,摒去侍从,寻找一个僻静处住下来,平心静虑,收敛形体,三月不问政务。

有一天白天,黄帝不知不觉睡着了,做了一个离奇的梦,梦里去游览了一个叫华胥氏的国家。华胥国在弇州之西,台州之北,其面积不知有几千万里。这个国家没有君王也没有官长,百姓也没有嗜好欲望,不知道迷恋生存,也不知道厌恶死亡,所以无所谓夭折和长寿;不知道偏爱自身,也不知道疏远外物,所以对世界万物无所谓喜爱和憎恨;不知道背叛违逆,也不知道趋附顺从,所以也无所谓利益和祸害;不知道爱惜保护,也不知道畏惧躲避,一切顺其自然,一切朴素本真,所以落水而不沉没,入火而不灼伤,鞭打刀砍不知疼痛,指甲搔抓不知刺痒,行走空中如履平地,睡在悬空中如卧在床,云雾不能遮挡视线,雷电不能干扰听力,美丑迷不住心志,山川阻不住脚步,这些都是精神的作用啊!

黄帝从睡梦中醒来,精神大爽。于是把天老、力牧、太山稽三位大臣召来,告诉他们说:"我闲居了三个月,收身静心,想找到养护自身和治理天下的方法,最后也没什么收获。但我做了一个梦,到华胥国一游,才知道一味感情用事是求不得大道的,现在我明白了,终于明白了,可惜我给你们讲不明白。"

又过了二十八年,天下大治,差不多和华胥国一样了。后来黄帝驾崩,百姓号哭二百年,对他的怀念,很长时间都没停止过。

列姑射山

列姑射山在黄河入海口的河洲中,山上有位神人居住。

这位神人不食五谷杂粮,靠吸风饮露活着。她的心灵如深湛的泉水,澄明清澈。她的身体如处子,绰约靓丽。她不亲近谁,不爱慕谁,但神仙圣人都愿意臣服于她。她不威严,不发怒,但忠厚诚实之人甘心受她驱使。她不施舍,不惠赠,但能让人们物质富足。她不聚财,不敛物,但从不显得困顿贫乏。

在列姑射山上,阴阳和合,风调雨顺,日月常明,四季如春,百草丰茂,万木滋荣,年年五谷丰登。从没疾病流行,没有夭折短寿,人人得享天年。天下都无病无灾,连鬼祟也无法捣乱。

列子学道

列子拜老商氏为师,和伯高子做道友,老高氏和伯高子都是得道高人。列子学习掌握了他们二人的道术后,便能御风而行了。

尹生听说后,就来拜列子为师。为了学习道术,尹生吃住都和列子在一起,几个月不回家。一有机会,尹生就央求列子教他道术,问了十次,列子一次也没告诉他。尹生满腹怨言,就请求离开,不准备再学了,列子没有表态,尹生便回去了。过了一段时间,尹生打消不了学道术的念头,又回到了列子那里。

列子问尹生:"你怎么走了又来了?"

尹生回答说:"以前我向先生学习道术,先生不肯传授,心里对先生不满,现在我的怨气全然消散了,所以又回来了。"

列子严肃地说:"原先我以为你是一个通情达理之人,今天才知道你如此鄙陋浅薄。坐下吧,今天告诉你我是怎样向老师学习道术的。自从跟随老师,结交道友,三年心里不敢想是非,口里不敢说利害,才博得先生瞟了一眼。五年之后,心里更不敢想是非,口里更不敢言说利害,先生才对我开颜一笑。七年之后,任凭心里怎样想,更加没有是非,任凭口里怎样说,更加没有利害,先生才开始让我与他并席而坐。

九年之后，心里放纵去想，口里放纵去说，也不知道自己的是非利害，也不知道别人的是非利害；也不知道先生是我的老师，也不知道伯高子是我的道友，身心完全融合于大道。从那以后，我视听不用眼耳，嗅味不用鼻，眼睛、耳朵、鼻子没有什么不同。我心神凝聚，形体消散，骨肉融合，感觉不到身体所依赖的，感觉不到脚下所踩踏的，只是随风飘荡，像一片干树叶一样，竟不知道是风乘着我，还是我乘着风，这就是所谓御风之术了。你到我的门下，还没几天工夫，就埋三怨四，一肚子牢骚。你的身板，不被大气接受，你的骨节，不被大地承载，还想乘风而行，怎么可能呢！"

尹生听了，深感惭愧，大气都不敢出，再也不敢说什么了。

醉酒不伤

列子问关尹："至人在水中潜行不会窒息，在火中踩踏不会烧伤，在高处行走不会恐惧，请问是什么道理呢？"

关尹说："这是他们能够守住元气达到神全的缘故，不是靠什么智巧勇敢能够达到的。我告诉你，凡是有形状、声音、色彩的，都是物。物与物千差万别，任何物都达不到无物之前的至虚境界，常人总是拘泥于万物的色相，参不透大道。大道是不露形迹的，是不拘形色的，是不变不灭的，是决定万物生息的。参透大道的至人，与派生万物的大道是相通相融的。这样的人，心性纯一而不杂，元气保养而不失，德行完满而不缺，循守大道而不违，所以外物不能对他造成伤害。一个醉酒的人，从车上滑落坠地，要比常人受到的伤害小得多，也是因为神全的缘故。他醉后不知自己坐在车上，也不知坠落在地，心里更没有惧怕的念头，所以受伤害很小。醉酒之人尚且如此，何况依靠大道获得神全的至人呢？"

列子点头称是。

列子射箭

伯昏瞀人，是当时得道的一位高人。有人说他是列子的老师，有人说他是列子的师兄。

一天，列子给伯昏瞀人表演射箭。他拉满弓弦，并在肘臂上放了一杯水，第一支箭射出去后，尚未着靶，紧跟着第二支箭已经射出……一连射了三箭，后一支箭能射中前一支箭的箭尾，而肘臂上的水一滴也不洒落。这时列子全神贯注，整个人像木头人一样，显得气定神闲。

伯昏瞀人笑着对列子说："你这是为射箭而射箭，运用的是熟练的技术，尚未达到不射而射的境界，就是射箭时心里就没有想着在射箭。如果不信，我们一起登上高山，站在高耸的危石上，下临万丈深渊，看你还能射得这么好吗？"

于是，列子和伯昏瞀人一起登上高山，伯昏瞀人站在高耸的危石上，下边是万丈深渊，背对着深渊挪动，一直到有半只脚在岩石外悬空。伯昏瞀人笑眯眯地把弓箭递给列子，说你现在射吧。列子没敢走上前接弓，吓得一下子趴在石头上，冒出的冷汗流到了脚跟。

伯昏瞀人说："得道之人，上能窥视青天，下能察知黄泉，精神纵游八方，神色气度不变，你现在吓得浑身打战,眼花缭乱,恐怕于射箭之道还相差很远呀!"

列子从岩石上爬下来,定了定神,才向伯昏瞀人说道:"请您多多指教。"

商丘开

晋国的范子华，喜欢招养门客。晋国的国君非常宠信他，他虽然不做官，但影响和权势比三位卿大夫还大。只要他赏识的人，国君就赐予爵位；只要他鄙薄的人，国君就将其贬黜。

禾生和子伯二人，是范子华的上等门客，一次外出借宿在老农商丘开家里。夜里，禾生和子伯两人夜话，谈到主人范子华名声权势，说他能使生者死，死者生，富者贫，贫者富。此话正巧被商丘开听了去。商丘开日子正过得贫寒交迫，就下决心去投奔范子华。第二天就向邻居借些粮食，提个草筐上路了。

范子华的门客大都是世家子弟，个个高车骏马，衣着华丽，一副旁若无人的样子。他们看见商丘开年老体弱，破衣烂衫，就轻视他、欺负他、诳骗他。这个过来捣一拳，那个过来踢一脚，商丘开脸上从没表露恼怒的神情，门客也感到疲倦了，不再捉弄商丘开了。

一天，商丘开随众门客登上一座很高的高台，大家起哄说："谁要能跳下去，就给他一百金。"商丘开二话没说就跳了下去，身姿好像飞鸟，轻飘飘落到了地面，肌肉骨节毫无损伤。他果真得到了一百金。大家觉得这是赶巧了，并未感到特别惊奇。

有一天大家来到一个深潭边，起哄说："潭里边有颗很大的珍珠，谁敢下去就能摸到。"商丘开又是二话没说跳了下去，不一会儿，他手里真攥着一颗大珍珠游上岸来。

范子华听到了商丘开的事情，就把他列入上等门客，从此商丘开有酒喝，有肉吃。

有一天范家的仓库失了火，火势很猛，范子华告诉众门客，里边的锦缎谁有本事搬出来就按搬出的多少进行奖励。商丘开二话没说就钻进火里，来回几次，搬出不少锦缎来，身上竟没有一处烧伤。

门客们猜想商丘开一定有道术，只是真人不露相罢了。于是那些欺侮过他的人，纷纷找他赔罪。说："以往我们有眼不识泰山，不知道您是得道高人，冒犯了先生，请先生不要给我们这些蠢货计较。现在冒昧地请教先生，您用的是什么道术？"

商丘开说："我哪有什么道术，我也不知道这些事情是怎么做到的。那天我听了禾生和子伯的谈话，就一心来投奔了主人，在这里我觉得你们的话都是实话，唯恐相信还来不及呢，从没想过水能淹我，火能烧我，只是心志专一罢了。现在想起来有些后怕，以后可不敢轻易接触水火了。"

宰我听说了商丘开的事，就回去告诉了孔子。孔子说："你不知道吧，最诚信的人，可以感化万物，可以震撼天地，可以感动鬼神，可以纵横天下没有阻碍，哪里只是涉水入火呢？商丘开把别人的假话也当真话对待，就能水火不伤，何况我们都要守诚信呢？你们要牢牢记住啊！"

梁鸯饲虎

周宣王时有一个叫梁鸯的人,在国王的园子里当饲养员,非常善于饲养飞禽走兽。在梁鸯的喂养下,老虎、豺狼、雕、鹰,没有不被驯服的,这些鸟兽在一个庭院里也不互相撕咬伤害,和睦相处。周宣王担心梁鸯之后绝技失传,就派毛丘园去跟梁鸯学习,好将来有个继承。

毛丘园跟梁鸯打了一段时间的下手,看不出什么门道,就央请梁鸯告诉他其中的奥秘。

梁鸯一笑说:"我就是一个普通饲养员,无外乎干这份差使时间长了点儿,里边哪有什么奥秘可言?我要是不说呢,又恐怕国王怀疑我偷奸耍滑,不肯教你,那就给你讲讲我是怎样饲养老虎的吧!老虎是有血性的动物,你顺着它,它就喜欢,你忤逆它,它就发怒,可是它的喜欢和发怒肯定是有原因的,不是无缘无故的。我从不拿活的动物去喂它,以免它撕咬活物时诱发怒气;我从不用整个动物去喂它,以免它撕吃整物时诱发怒气。老虎是喜怒无常的动物,因为它发怒到一定程度会高兴,高兴到一定程度会发怒,既不能使它发怒,当然也不能使它过于高兴。为了不使它过于高兴,我按它的饥饱进行喂食,既不让它感到饥饿,也不让它感到过饱,多少适宜,恰到好处。总之是把握好老虎的天性，既不违逆它，也不过于顺从它。其他飞禽走兽也一样，时间长了，它们会把你看成它们的同类。所以园子里游走着的这些飞禽猛兽，再不思念森林湖泊，再不怀恋深山幽谷，道理都是一样的。"

颜回学舟

有一次,颜回坐船渡过一个叫觞深的深潭,水流很急,打着漩涡。摆渡人的划船技术非常高明,撑放自如,边划边歌,令颜回惊叹不已。

颜回竖起拇指,连连称赞摆渡人的划船本领,并问道:"老哥,划船的技术好学吗?"

摆渡人告诉颜回:"好学。只要会游泳就能学会,如果游泳本领很高的人,会学得更快。如果是经常潜水的人,不学也能把船划走。"颜回问这其中是什么道理,摆渡人没再接话。

颜回见了孔子,把经历的事情说了一遍,恭敬地请老师给讲讲其中的道理。

孔子想了想说道:"我和你研习书本知识的时间长了,但都没有到达用事实验证的地步,缺乏实际的操作,更别说真正掌握道了。摆渡人说得很有道理,会游泳的人可以学划船,因为他不怕水,亲近水。善游泳的人知水性,所以学得快。至于潜水的人,不学也能划船,因为他眼里就没水,他在水里和在陆地上一样,看深渊就像山坡,看舟船的倾覆就像上坡的车子往后退一样,他不会害怕的,划起船来岂不从容?譬如赌博,用瓦片作赌注时心思灵巧,用带钩作赌注时心有所悸,用黄金作赌注时心智昏乱。赌博的技巧是一样的,不同的赌注使人内心反应不一样,这是受了外物的影响。凡是看重外物的人,内心就会笨拙。"

颜回说:"老师,我明白了,学划船时水就是外物,对水的心态的差别,决定了学习效果的好坏。"

观光吕梁

有个地方叫吕梁,自然风光非常优美,一天,孔子带着他的学生去观光。他们看到一条三十里长的瀑布,飞流直下,浪花飞溅,声震天外。看那样子,鼋鼍鱼鳖都游不过去。这时,忽然发现水里有一个男子在游动,孔子以为男子遇到什么不幸的事情要寻短见,赶快吩咐学生前去搭救。而男子潜游数百步后浮出了水面,上得岸来,披散着头发,且歌且行。

孔子走上前去问那个男子:"瀑布那么高,水流那么急,连鼋鼍鱼鳖都游不过,看到你在水里,以为你有什么难处要自杀,我赶快让弟子们去救你,不承想你披发行歌,我以为你是个鬼呢!仔细看之后才知道你是个人。难道你有什么游水的道术吗?"

男子看了看一脸慈祥的老人,又看了看周围的年轻人,不好意思地笑笑,说:"没有,我可没有什么道术。我从小在水边长大,近水,亲水,会游水是自然的事,是本能。到了水里,就随着水性自然游动,漩涡里的水让我下沉就随水流下沉,让我浮起就随水流浮起,完全不用自己操心费力,这就是我能在水里自由自在的原因。"

孔子问男子:"这些道理是谁教你的呢?"

男子答道:"没谁专门教。人生在高地就安心于高地,生在水边就安心于水边,反正自然而然就这么做了,其中的大道理我也说不清楚。"

痀偻承蜩

孔子在去楚国的路上，穿过一片树林，看到一个驼背老人用长竿粘蝉，熟练程度就如在地上捡蝉一样。

孔子走上前去问道："老人家，你这手艺神了，这里边有什么技巧吗？"

老人回答说："技巧，当然有技巧。为了掌握这门技巧我可是下过苦功的。刚开始，我在竿头上放置两粒泥丸，练习了五六个月才能使它们不掉下来，那么粘蝉失误就少多了。练到在竿头放三粒泥丸也不掉下来的时候，粘蝉的失误只有十分之一。练到在竿头放五粒泥丸也不掉下来的时候，粘蝉就像从地上捡的一样，一个不漏了。粘蝉时我立定身子像树桩一样，做到一动不动。举起的手臂像枯木的树枝一样，不会惊到蝉的。天地广大，万物纷纭，粘蝉时我心里只知道蝉翼，任何东西也干扰不了我的心志，还怎么会捕不到蝉呢？"

孔子听了驼背老人的话，就回头对弟子们说："用志不分，就能集中精神。这就是老人家讲的道理呀！"

驼背老人说："你们这些读书人，怎么也关心起这些事情？"

孔子对老人说："用心专一，全神贯注，这是您粘蝉成功的道理，也是做其他事成功的道理。"

好鸥鸟者

有一个家住海边的孩子，自幼喜欢海鸥，每天早晨都到海边和海鸥嬉戏玩耍，并抛喂它们食物。只要孩子来到海边，成群的海鸥就飞了过来，每次都有一百多只。有的在孩子头顶盘旋，有的争相啄食孩子手中的食物，有的还落在孩子的肩上，有时孩子用小手去抚摸，海鸥也不飞走。

一天，孩子的父亲对儿子说："我看那些海鸥和你那么亲近，明天你捉一只回来，让我也玩一玩。"

孩子说："这不可以的，捉它们，它们会不高兴的。"

父亲说："我又不伤害它们，只是玩一玩。"

孩子无奈，只好答应了父亲。

第二天早晨，孩子和往常一样，拿着食物来到海边，海鸥也和往常一样飞至孩子附近，但它们只在孩子头顶鸣叫着，盘旋着，再没一只去啄食他手中的食物，更没一只肯落上他的肩膀。孩子一脸茫然，心里直后悔答应了父亲的要求。

人和鸥鸟尽管不是一个种类，可能有些信息是相通的。当人的内心起了邪念，鸥鸟似乎可以感知。所以最高深的言语不需要用语言去表达，最高尚的行为是无为。凭个人的智力可以推知的是肤浅的，应该凭心凭悟而自知。

穿石踏火

赵襄子率领人马在中山打猎,为驱逐猎物焚烧山林,火势绵延百里。忽见一人从石壁中钻出来,随着火焰上下飘动,大家都认为是鬼怪。大火过后,那人若无其事地慢慢走出来,赵襄子好奇地打量他,那容貌肤色、五官七窍、呼吸声息,这分明是一个人,不是什么鬼怪。

赵襄子就问那人:"你有什么道术能从石壁中走出来,能踩着烈火不被烧伤?"

那人一脸懵懂地反问:"什么是石壁?什么是烈火?"

赵襄子说:"你开始走出来的那个地方就是石壁,你刚才踏着走过来的东西就是烈火。"

那人摇了摇头说:"不知道。"

魏文侯听说了这件事,就问他的老师子夏:"这是一个什么样的人呀?"

子夏说:"我听孔夫子讲过,得中和之气的人,身心同外物完全融合在了一起,外物不会伤害他、阻滞他,所以在石壁中游走,在烈火上踩踏,是可以做到的。"

魏文侯问子夏:"先生您能这样做吗?"

子夏说:"我不能,我只可以谈谈这方面的道理。

要达到这样一种虚空的至境，必须剔除所有思虑杂念，摒弃人间所有智巧。"

魏文侯又问："你的老师孔子能做到吗？"

子夏说："老师有这种能力，但他能不去做，不去夸耀能力，他还有更重要的事情要做。"

魏文侯听了子夏的话，非常高兴。

季咸相壶

有一个叫季咸的神巫，从齐国迁到郑国居住。他能预测人的生死存亡、祸福寿夭，到他指定的日期，预言果真变成了现实。这让郑国人又敬又怕，见了都躲避他。

列子见了季咸后佩服得五体投地，回来把此事告诉了老师壶子。并说："原来我以为老师的道术是最高深的，没想到世上还有比您更高的人。"

壶子说："你在我这里只学到了一些皮毛，一些外表，根本没接触到道的本质，你以为你已经得道了吗？只有一堆雌性，没有雄性，能产卵吗？能生雏吗？拿你这一瓶不满半瓶晃荡的水平去给世人较量，肯定暴露你的浅薄，让那个什么季咸给你占卜，就唬得你不知东西南北了。这样吧，你就请他来给我相相。"

第二天，列子领季咸来见壶子。季咸看了一阵儿壶子，出来告诉列子："大事不好了，你的老师要死了，估计超不过十天。我看他就像一堆不可复燃的湿灰，没有一点生机，这还不要命呀！"

列子大恸，哭湿了衣襟，回来把季咸的话告诉了壶子。

壶子说："别哭了，没事的。刚才我让他看的是地壤，只有阴气，没有阳气，没有一丝生机，所以他看我要死了,明天你再让他来给我看看。"

次日,列子又领季咸来看壶子。季咸看后出来对列子说:"万幸呀,你的老师遇上了我,已使他焕发了生机,放心吧,会好起来的。"

列子送季咸回来,把季咸的话讲给壶子。壶子说:"这次我让他看的是天壤,就是天地间阴阳交合生长变化的气象,生意萌动的征兆,所以他说我又能活了。那你明天再让他来看一次。"

次日,列子又领季咸见壶子。季咸出来告诉列子:"你老师的神色变化不定,没法给他看,等他心绪平定了,静下来,我再给他看。"

列子回来给壶子说:"季咸告诉我,你的心不静,没法看。"

壶子说:"刚才我把即静即动、非动非静的太冲状态给他看,太冲就是太虚,没有一点固定的踪迹,他就看不出来了。那就请他再来看一次吧。"

次日,列子又领季咸见壶子。季咸进屋还未站定,瞟了一眼壶子,就惊慌失措地逃走了。壶子让列子赶快把季咸追回来,过了一会儿,列子回来给壶子说:"没有追上,这个家伙跑得比兔子还快,一会儿就没影了。"

壶子说:"刚才我让他看的还是我们主张的虚无,是与他虚与委蛇,他只能看到我像草一样随风而倒,像水一样随波而流,看不明白这是什么道术,所以就逃走了。"

从此以后,列子觉得自己的道行还差得远,就辞别老师回家自修,三年不出家门。在家里帮助妻子烧火做饭,饲猪喂鸡,对待它们像对待人一般;纷繁世事摒于心外,不分远近;去除修饰,返璞归真,形如槁木死灰。列子终身,都专守着这样的纯一之道。

十浆五馈

列子要去齐国谋事,半路返回,正巧碰上老朋友伯昏瞀人。

伯昏瞀人问列子:"你不是去齐国了,怎么半道就回来了?"

列子回答说:"我有些诧异。"

伯昏瞀人问:"有什么感到诧异的?"

列子说:"我曾去十家浆店吃饭,竟有五家不收我的钱。我并没有很大本事,大概是诚信积在心中而没有化解,不自觉地表现出炫耀的行为赢得了人心,使人们对我的敬重超过了那些更值得敬重的长者,这恐怕会招来祸患。你想想那些卖浆的人家,本小利薄,人微言轻,尚且如此敬重我,那要是万乘的君主呢,他听信那些虚名,把重要国事委托给我,让我建功效力,以我的本事会有好结果吗?所以我感到诧异,心里有点打鼓,就回来了。"

伯昏瞀人说:"你这些想法有道理,那就安心回去吧,以你的德行,将来会有人跟随你,归附你。"

没隔多长时间,伯昏瞀人去看列子,只见门外的鞋子都摆满了。伯昏瞀人面北而立,用手杖挂着下巴,站了一会儿,没说话就走了。有人告诉了列子,列子提着鞋,光着脚,跑了出来,在大门口追上了伯昏瞀人，问道："先生既然来了，为什么不进屋呢？难道没有什么重要的话要给我说吗？"

伯昏瞀人说："算了吧。我原来告诉过你，会有人来归附你，现在果然有这么多人围在你的身边。关键是，不是你能让人归附你，而是你不能让人不归附你，你何必显得与众不同，让那么多人喜欢你呢？那么多人喜欢你，会动摇你的本性，没什么益处。这些人不可能给你讲这个道理。人多嘴杂，他们讲的那些巧言细语，只会扰乱人心，没人从中觉悟，怎么能相互促进呢？"

杨朱受教

杨朱南去沛地，老子西游秦地，杨朱想见老子，两人相约途中见，在梁地两人相遇了。

杨朱赶车，拉着老子去旅舍，半路上，老子仰天长叹道："起初我以为你是可教之材，现在看来不是那么回事。"

杨朱听后，默然赶车，未敢接话。

到了旅舍，杨朱先给老子送去梳洗用的物品，把鞋子脱掉放在门外，膝行到老子面前。说："刚才先生仰天长叹，起初以为我是可教之材，现在不行了。当时急着赶路，没敢打搅先生。现在先生正巧有点空闲，冒昧请教先生，能否告诉我这不可教的原因吗？"

老子说："看到你一副骄傲自满、飞扬跋扈的样子，谁还愿与你同处呢？一生清白的人，也应该觉得自己仍有污点；道德高尚的人，也应该谦恭待人、卑下自居。"

杨朱满面羞惭地说："敬聆先生教诲，学生立志改掉这毛病。"

杨朱回住地后，换掉了华丽的服装，见人再没有趾高气扬的做派。以前在旅舍里所有人都恭维他。旅舍男主人替他安排床铺，女主人给他拿毛巾梳子，先来的客人给他让座，正烤火的人给他让位。现在，旅舍的主人把他当普通客人看待了，其他客人也敢给他争座了，大家也敢和他一起说笑了。

妾美妾丑

杨朱带着学生途经宋国，住在一个旅店里。

旅店主人有两个小妾，一个长得丑陋，一个长得漂亮。

杨朱发现，店主人特别宠爱那个长得丑陋的小妾，却不怎么喜欢那个长得漂亮的小妾。

杨朱有些纳闷，就问店主人是怎么回事。

店主人说："长得漂亮的那个，自以为漂亮，可我不认为她漂亮。长得丑的这个，自以为不漂亮，自己丑，可我不认为她丑。"

杨朱给弟子们说："你们都要记住，好不好不是自己说的，做一个品德高尚的人，不要自以为高尚，更不要自我标榜高尚，只管埋头去做高尚的事情，这样到什么地方人们会不敬重你呢！"

人与兽

凡是有七尺之躯,手足功能相异,头上生发,口中有牙,能直立行走的,就叫人。人不一定没有禽兽之心,虽有禽兽之心,但因为形貌相同,世人还亲近他。凡是身上长有翅膀,头上长有角,张牙舞爪,或在天空飞翔,或在地上奔走的,就叫禽兽。禽兽不一定没有人心,虽有人心,因为形貌不同,世人还会疏远它。但圣人不同,圣人重视心智相同而轻视相貌相同。

庖牺氏、女娲氏、神农氏、夏后氏,皆蛇身人面,牛头虎鼻,有着不同于人的形貌,却具有圣贤的品德。夏桀、殷纣、鲁桓、楚穆,虽有与人相同的形貌,但却怀着禽兽之心。

黄帝与炎帝在阪泉打仗时,能驱使熊、罴、狼、豹、貙、虎等为先锋,能以雕、鹖、鹰、鸢等为旗帜。演奏虞舜的《箫韶》《九成》时,凤凰能飞来朝贺。既然如此,禽兽之心也可以与人心相通相同,只是世人因为它们形貌与人不同,不知怎样和它们交流罢了。圣人不同,没有不通晓的,所以他们可以驱使禽兽。

禽兽在保存延续生命方面的能力不比人差,雌雄交配、母子相爱,它们躲难逃险、避寒就温,居则有群、行则成列,呼朋引伴、团结就食。这说明有血气的物类,心智相差不会太远。

芥氏之国

东方有个芥氏之国。

那里的人们能听懂鸡、犬、马、牛、羊、猪六畜的语言,这是他们的天赋异禀。

上古时期的圣人,能和神鬼交流沟通,然后对人类进行培训,最后把教化扩展到禽兽虫蛾。有血气的生物,彼此相差不远,圣人懂得这一点,所有有生命的物类一个也不落下。

列子认为,圣人能通神、通鬼、通人、通禽、通兽、通虫、通蛾,这就是庄子说的"道通为一"。

朝三暮四

宋国有个老头，非常喜爱猴子，尽管家庭生活并不富裕，仍然养了一群。

老头长期和猴子在一起，非常了解猴子的性情。时间长了，猴子也很懂老头的心意。老头让它们上墙就上墙，让它们爬树就爬树，每天热闹得很，引起不少外人来围观。

老头为了饲养这群猴子，宁愿让家人节省口粮，也要喂养猴子。

不久，老头家实在缺粮了，光靠家人节省已解决不了困难，只有把猴子的口粮也限制一下才行。让家人节省可以说服沟通，但猴子不行，老头担心猴子不听话，就诓骗猴子说："现在每天喂你们的橡子，早上三颗，晚上四颗，够了吧？"猴子们一听，十分生气，又是蹦跳跺脚，又是呲牙咧嘴，表示严重不满。

过了一会儿，老头伸出两手向下压了压，猴群静了下来。老头说："这样吧，咱们早晨吃四颗，晚上吃三颗，总够了吧？"

猴子们听了非常高兴，有的低头伏地表示感谢，有的脸上似乎泛起了笑意。

呆若木鸡

纪渻子为周宣王驯养斗鸡。

过了十天，周宣王召来纪渻子问："鸡可以斗了吗？"

纪渻子回答说："不行。这只鸡没经过实战，看起来很勇猛，实际上是虚的，得把这种虚骄之气磨掉才行。"

周宣王过了十天又问。

纪渻子回答说："还不行。现在这只鸡，别的鸡即使远远地走过，或者叫了两声，就分了它的心神，存不住气，跃跃欲试。"

周宣王过了十天又问。

纪渻子回答说："还不行。现在这只鸡，目光还过于锐利，精神富含盛气，尚处于好斗阶段。"

周宣王过了十天又问。

纪渻子这次回答说："差不多了。现在别的鸡再叫，这只鸡也不为所动了，看去就和一只木鸡一样，达到了自然德行完满的程度。别的鸡在它面前已不敢发起挑战，甚至一见它就会逃走。"

周宣王命人试之，果如纪渻子所言。

惠盎说康

宋国人惠盎是战国时期的政治家。

有一天,惠盎去拜见宋康王。

宋康王见了惠盎,又是跺脚,又是咳嗽。他急躁地说:"我这个人喜欢的是勇武有力,不喜欢仁义道德那一套,您准备给我提什么好的建议呢?"

惠盎回答说:"我有一套道术,能使勇猛的人用枪刺不进我,能使有力的人用拳打不到我。大王难道不感兴趣吗?"

宋康王说:"好,这个我倒想听听。"

惠盎说:"刺我不进,打我不中,因为还是刺了,打了,这对我仍是一种羞辱。我有种道术,让他不敢来刺,也不敢来打。但是,他不敢来刺,不敢来打,只是不敢,并不代表他没有打我的想法。我有种道术,让他连刺我、打我的想法都没有。但是,没有刺人、打人的想法,不代表他有做事情时会考虑爱护他人。我有种道术,可以使天下的男男女女做事情时非常乐于去爱护他人,有利于他人。这就比勇武有力高明多了,不知大王有什么想法?"

宋康王说:"好呀,这可是我想知道的。"

惠盎说:"孔子、墨子就是啊。孔丘、墨翟,没有国土却被人视为君王一样,没有官衔却被人视为尊长一样。天下人没有不伸长脖颈，踮起脚跟，翘盼得到他们爱护的。大王是万乘之主，您要是也有和他们一样的想法，全国上下都会得到您的关爱和恩泽，会比他们强多了。"

宋康王没有说什么。惠盎和宋康王告别后，快步走了出去。

宋康王对左右的人说："这真是一个能说会道的人，我险些被他说动心了。"

卷三

周穆王

穆王神游

周穆王时，从西方来了一位高人，能潜入水火，穿越金石；能让江河倒流，移动城池；能悬空不坠，物无阻碍。千变万化，不可穷尽。他既能改变物质的形态，又能改变人的思想。周穆王像神一样敬着他，像君王一样侍奉他。

周穆王把最好的宫殿让给这位高人住，把祭祀神灵的牛、猪、羊敬献给他，挑选能歌善舞的嫔妃供他娱乐。高人却认为，周穆王的宫殿卑陋无法居住，饭食酸腐无法入口，嫔妃膻臭无法亲近。于是，周穆王为他另筑新宫，雕梁画栋，五彩斑斓，巧夺天工。为了修造新宫，耗尽国库资财。新宫高耸入云，坐落在终南山上，名曰中天之台。又挑选了郑国和卫国年轻曼妙的女子充实新宫。个个施香抹粉，穿金戴银，身穿轻软丝裙，腰扎细密绢带，佩着白芷、杜若香草，奏着《承云》《晨露》仙乐。高人仍不满意，勉强住了进去。

没过多久，高人邀请穆王同去游玩。穆王牵着高人的衣袖，飘然而上，飞到半空，进入了高人的宫殿。穆王看到宫殿坐落在白云之上，用金银构筑，到处镶着奇珍异宝。看到、听到、闻到、吃到的东西，都不是人间所能有的。穆王认为这就是天帝的清都、紫微、钧天、广乐。穆王低头看看地上自己的宫殿，相比之下，就是一堆土块，一蓬乱草。穆王心想，在这里住几十年也不会想回去。

高人邀请穆王来到另一处游玩。这地方抬头不见日月，低头不见河海。光照得眼花缭乱，声震得耳鸣头晕，全身骨节、五脏六腑都不舒服，穆王心神丧乱，赶快央求高人送他回去。高人轻轻推了一下，穆王就到了地上。醒来看到周围还是原先的臣仆，面前的酒菜还在，就问自己刚才去了什么地方，别人告诉他："刚才大王睡了一会儿，没去别的地方。"

穆王怅然若失了三个月才恢复过来。穆王问化人，化人回答道："我同您一起游历，只是精神上的游历，您的形体不曾去过。再说，您刚才所见的天上宫殿，同您自己的宫殿有什么不同？您所游赏的天上景物，同您自己花园的景物有什么区别？这些本来都属于您，您只是暂时把它忘记了。万事万物的变化错综复杂，这么短时间内，能全表现出来吗？"穆王听了很高兴。从此，穆王不再关心国家政务，不再迷恋后宫嫔妃，而是去远方遨游。他令人套上八匹骏马，让造父驾车，奔驰几千里，到了巨蒐氏之国，巨蒐氏献上天鹅之血让穆王喝，用牛奶马奶让穆王洗脚。宴饮之后继续西行,住宿在昆仑山麓,赤水北岸。第二天游览了黄帝的宫殿,又到西王母处做客。在瑶池旁宴饮时,西王母给穆王唱了歌,穆王也给西王母唱了歌。

穆王和随行的人,又去看了日落的地方,一天行有万里之遥。穆王感叹:"呜呼!我何德何能,能有这样的享乐,后人将会数落我的。"

周穆王享尽了人间欢乐,活到一百岁才去世。世人传说他登仙而去。

老成学幻

老成子，是战国时代宋国人。

老成子向尹文先生学习幻术，三年也没有得到传授。老成子对尹文先生说："老师，我不知自己有什么过错，实在不行，就退学算了。"

尹文先生让老成子跟他来到屋里，并把别的人都赶了出去，对老成子说："以前我的老师西去时，曾经给我说，具有生机的气息和具有形状的物体，都是虚幻的。天地开端，阴阳变化，于是有生有死。事物不断发生着变迁更迭，就是幻，就是化。自然创造万物，天机巧妙，功德深远，难以穷尽，难以终结，随时产生，随时幻灭。只有懂得幻化和生死本无差异，才可以开始学习幻术。我和你的存在，本身也是一场虚幻，还有什么要学的呢？"

老成子回到家，深深思考了三个月，终于掌握了生死存亡的规律，具备了变换四季的道术。他能让冬天打雷，夏天落雪；能让天上飞的到地上行走，地上走的到天空飞翔。老成子一生也没炫耀过自己的幻术。

列子说："善于幻化的人，总是让自己的幻术暗暗发挥作用，做起事情来宛如常人。五帝的功德，三王的伟业，不一定全靠他们的智慧和力量，保不定他们的幻术也发挥了作用，谁能说得清楚呢？"

八征六候

人醒着的时候，身体与外界接触，会发生八种情况。第一是故，就是过往、习惯。第二是为，就是期望、当下、现实。第三是得，就是需求、获取。第四是丧，就是丢弃、失落。第五是哀，就是颓废、悲痛。第六是乐，就是欢喜、高兴。第七是生，就是发生、活着。第八是死，就是死掉、终结。

人睡着时会做梦，是精神的交集，会呈现出六种情形。第一是正梦，就是规规矩矩做梦，做规规矩矩的梦。第二是噩梦，就是非常坏的梦。第三是思梦，就是因思虑而成的梦。第四是寤梦，就是似睡非睡时的梦。第五是喜梦，就是令人高兴、欢喜的梦。第六是惧梦，就是令人非常害怕的梦。

列子认为：人体的充盈或亏虚，消长或停息，都与天地相通，与外界事物相应。因此，阴气过盛时，会梦见涉足大水而感到恐惧。阳气过盛时，会梦见踏入大火中而被烧灼。阴阳之气都旺盛时，会梦见生死相杀。吃得过饱时，会梦见付出给予。肚子饥饿时，会梦见争夺。脉象虚浮的人，会梦见自己飞扬。脉象沉实的人，会梦见自己溺水。压着衣带睡觉，会梦见蛇。鸟来衔头发，会梦见飞翔。气血阴冷，会梦见烤火。将要生病，会梦见进食。饮酒的人会做忧愁的梦，歌舞的人会做哭泣的梦。

列子说:"人的精神和肉体与外物接触,就形成梦。所以说日有所思,夜有所梦。精神凝聚的人,梦会自然消失。真正的清醒无须用语言表达,真正的梦幻无法用常情去解释。古代的真人清醒时会忘掉自我,入睡后也不会做梦。"

三国有别

有这样三个不同的国家。

在很远很远的西方南部有一个国家，不知国境与谁相接，名叫古莽之国。那里阴阳二气不交合，所以没有冬天也没有夏天。太阳照不到，所以不分白天和黑夜。那里的人们不吃饭也不穿衣，只是睡觉，五十天才醒一次。他们把梦里发生的一切当作真实，把醒来发生的事情看成虚幻。

四海正中间有个中央之国，地跨大河南北，横越泰山东西，方圆一万多里。那里阴阳交合，日月经天，有冬有夏，有昼有夜。那里万物滋长，充满生机。那里的人有智有愚，有君主临朝执政，有官员管理百姓，有礼仪有法度。那里的人白天做事，夜晚睡觉。那里的人们把醒时的行为当作真实，把睡梦中的情境看成虚幻。

在很远很远的东方北隅有一个国家，名叫阜落之国。那里的土地干旱，气候燥热，有些太阳月亮的余光照在那里。地里不长庄稼，人们只吃草根野果，也不会用火烧制食物。那里的人天性剽悍，恃强凌弱，嗜好争斗，不讲礼仪。人们多半时候在奔忙走动，很少休息睡觉。

梦醒移位

周代有个姓尹的财主，家业很大，雇用很多仆役。尹财主对仆役们很苛刻，使他们从早忙到晚，一刻也不得休息。其中有个老仆役，已经累得筋疲力尽了，还被频繁地使唤。老仆役白天痛苦地呻吟着做事，晚上倒头便睡，精神都有些恍惚了。但他在梦里天天梦见当国王，居万民之上，统领一个国家，可以在宫殿里任意游玩宴饮，尽情欢乐，幸福得无可比拟。醒来后仍然是辛苦的仆役。有人安慰他，老仆役却说："人生百年，白天占一半，晚上占一半，我白天做人家的仆役很辛苦，晚上当国王很快乐，有什么可抱怨的呢？"

尹财主业大事多，操心劳命，每天都感到十分疲劳。夜夜做梦都梦见给人家当仆役，不但有干不完的活，还要挨打受骂，睡梦中经常发出呻吟哀号，直到天亮时才能平息下来。尹财主非常苦恼，就去找朋友诉苦。朋友说："你的地位，你的财富，足以使你荣耀，你比平常人强多了。夜里做梦当仆人，劳苦和安逸交替，这是很自然的事。你想醒时和梦里都欢乐幸福，恐怕是办不到的。"

尹财主听了朋友的话，减轻了仆役们的劳动强度，家里的事也不像过去那样操心劳力了，痛苦忧虑也得到了缓解。

蕉鹿之梦

郑国有一个樵夫,正在野外砍柴,看到一只被猎人追赶的惊鹿,就上前去把鹿打死了。为了不被猎人发现,把死鹿藏在一个干水沟里,并在上边盖了芭蕉叶。樵夫要回家时,去取那只鹿,却忘了藏鹿的地方,于是自以为是做了一个梦。

樵夫在回家的路上,不断地自言自语,说自己做了一个梦,梦见打死了一头鹿,藏在了什么什么地方。他的话被一个路人听到了,这个人就按樵夫说的话去找到了鹿。

路人把鹿带回家给妻子说:"路上碰到一个打柴的,他说自己做梦打死了一只鹿,藏在了什么地方,我按照他说的地方去找,还真有一只鹿。这人做的梦可真不错。"

路人的妻子说:"大概是你自己在做梦吧,世上真有一个这么傻砍柴的?"

路人说:"反正我得到一只鹿,管它是我做梦还是他做梦呢。"

樵夫回到家,心里仍然放不下那只鹿。夜里做了个梦,不但梦见了藏鹿的地方,还梦到了拿走鹿的那个人。

第二天早晨,樵夫按照梦里的情景,找到了拿走鹿的人。二人发生了争执，就一起去找法官评理。

法官了解案情后，对樵夫说："当初你打死了鹿，你说自己是在做梦，后来按梦去找鹿，又说是事实。"

法官又对路人说："你拿到了鹿，你说他是在做梦，你妻子说你是在做梦。不管谁在做梦，反正就一只鹿，你们俩平分了吧。"

郑国国君知道了此事，就说："这人是在梦里给人断案吧？"

于是就询问国相，国相说："做梦不做梦我也辨别不清楚，过去只有黄帝和孔子能够辨别清楚，可是他们都过世了，现在没人能辨别清楚了吧？就按法官说的办吧。"

华子病忘

宋国阳里的华子得了健忘症,早上的事情晚上就忘,晚上的事情第二天早晨就忘。在路上忘记行走,在屋里忘记坐下。现在记不起过去,明天又忘了今天。全家被他拖累得苦恼极了。找史官占卜,没用。找巫师祈愿,也没用。找医生诊治,也没一点效果。

鲁国有个儒生,自荐给华子治病,华子的妻儿愿出一半家产给儒生。儒生说:"他这种病不是占卜、祈愿、药石所能治的。要感化他的心灵,理顺他的思想,才能治好。"

儒生让华子脱光衣服,受冻后华子就要衣服。儒生不让华子吃饭,饥饿了华子就要饭吃。儒生把华子关进暗室,华子看不见东西就要灯光。儒生高兴地告诉华子的儿子:"你父亲的病有治了。不过我的方术是祖传的,是保密的,不能外泄。请你屏退所有的人,让我和你父亲单独在这屋里住七天,病就治好了。"

华子的儿子就按儒生的要求办理,也不知他在屋里施行什么法术,到了第七天,华子的病果然好了。

华子从病中醒悟过来,勃然大怒,斥骂妻儿,拿起棍来驱赶儒生。人们诘问华子为什么这样,华子说:"我过去健忘,迷迷糊糊,不知天地是否存在。现在可好了,过去数十年的存亡、得失、哀乐、好恶,千

头万绪，一股脑儿都袭上心头来烦我。再想得片刻的安宁也难了。"

子贡听闻此事，就禀告了孔子。孔子说："这不是你所能理解的！"于是回过头告诉颜回把此事记下来。

迷惘之疾

秦国逢氏有个儿子，小时候非常聪明，长大后却患上了精神错乱的疾病。他听见唱歌以为是在哭泣，看见白色以为是黑色，闻到香味以为是臭味，尝到甘甜以为是苦涩，把错的事情当成对的，只要他意念所及，天地、四方、水火、寒暑，没有不颠倒错乱的。

有一个姓杨的人对逢氏说："鲁国有能人，见多识广，或许可以治好你儿子的病，你怎么不去请一请呢？"

逢氏打点行装，动身去鲁国请人。路过陈国时碰到老聃，就把儿子的病征告诉了他。

老聃说："你怎么知道你儿子这是精神错乱呢？现在普天下的人都糊里糊涂，分不清是非，看不出利害，得这种病的人多了去了。况且一个人病了不足以影响全家，一家人病了不足以影响全乡，一乡人病了不足以影响全国，一国人病了不足以影响天下。要是全天下的人都像你儿子一样，你反而成为精神错乱的人了。对悲哀欢乐、声音美色、臭气香味、是非对错，谁又能拿出一个正确的判断标准呢？就连我刚才说的话，说不定也是精神错乱的话。据我了解，鲁国那些所谓能人精神更加错乱，你还请他们给你儿子治病，不是乱投医吗？我看你还是背着粮食，趁早回家吧！"

燕人归乡

有个燕国人，出生在燕国，却在楚国长大，到了晚年非常想回到自己的故乡去。

路过晋国时，同行的人指着一座城池骗他说："你看，这就是咱燕国的城池了。"那个人深情地望着城墙，脸上呈现出悲伤。

又走了一段路程，同行的人指着远处一座土地庙说："你看，那是你们家乡的土地庙，你小时候曾在那庙里和小伙伴们一起玩耍。"那个人喟然兴叹。

又走了一段路程，同行的人指着远处一座房舍，说："你看，那就是你们家了。"那个人听了以后，潸然泪下。

同行的人又指着田地里一片坟墓，说："你看，那就是你家的祖坟，埋葬的有你的爷爷奶奶，还有你的父亲母亲。"那个人听了以后，号啕大哭。

同行的人忽然大笑起来，说："傻瓜，我刚才骗你的，这是晋国，离燕国还远呢！"那个人听了满面羞惭。

等到了燕国，真见到了故乡的城垣和社庙，先人的故居和坟茔，那个人反而不显得那么悲伤了。

仲尼闲居

孔子独自闲坐,子贡进屋侍奉他,发现孔子面有忧色。子贡没有敢问原因,就出来告诉了颜回。

颜回听了子贡的话,就开始弹琴唱歌。孔子听见了,就招呼颜回进屋去,问道:"你为什么独自快乐呀?"

颜回反问道:"先生为什么独自忧愁呢?"

孔子说:"先说说你为什么快乐吧。"

颜回说:"我从前听先生说过,乐天知命无忧,这就是我快乐的原因。"

孔子面色忧戚,过了一会儿才说:"我讲过这样的话吗?我以前可能是说过乐天知命无忧,但你这样理解是不全面的。你只知道乐天知命无忧的一面,不知道乐天知命后会有更大忧愁的一面,我现在告诉你其中的道理。修养一己身心,任由穷达,不受外物所扰,这就是你所谓乐天知命带来的无忧。从前我修诗书,正礼乐,是用来治理天下,并且流传后世的,并不仅仅为了修身,也不仅仅为了治理鲁国的。可是,现在鲁国君臣上下尊卑失序,仁义道德衰微,人性人情淡薄,我的政治主张在鲁国一个国家都不能实现,在我有生之年都看不到结果,何谈治理天下、流传后世呢?我知道诗书礼乐没能治理这个混乱的社会,我不知道治理混乱的良方在哪里,这正是乐天知命的人的大忧所在啊!即使这样,我心里也明白,无乐无知,才是真乐真知。所以要无所不乐,无所不知,无所不忧,无所不为。诗书礼乐何必丢弃呢?何必改变呢?"

颜回面北而拜,说:"老师,我明白了。"

颜回出来,把孔子的话告诉了子贡。子贡茫然若失,回家苦思了七天,不睡觉,也不吃饭,搞得形销骨立。颜回又去给子贡开导一遍,子贡才回到孔子那里,弹琴唱歌,诵读诗书,终生没有懈怠过。

孔亢二圣

陈国有一个大夫出使鲁国，私下去拜访叔孙氏。叔孙氏是当时鲁国三家贵族之一。

叔孙氏对陈国大夫说："我们鲁国有位圣人您知道吗？"

陈国大夫说："是不是孔丘啊？"

叔孙氏说："是的，就是孔丘。"

陈国大夫说："怎么知道他是圣人呢？"

叔孙氏说："我听他的学生颜回说，孔子能舍弃心智，只用形体，自然而然地处理事情。"

陈国大夫说："我国也有一个圣人，不知您听说过没有？"

叔孙氏说："没听说过，不知道是哪一位？"

陈国大夫说："就是老聃的学生亢仓子，他掌握了老聃传授的道术，能用耳朵看东西，用眼睛听声音。"

鲁侯听说了这件事，感到非常惊奇，派一位上卿备上厚礼去邀请亢仓子。亢仓子应邀而至，鲁侯恭恭敬敬地请教亢仓子。

亢仓子说："这是把事情传错了。我能不用眼睛就能看到东西，不用耳朵就能听到声音，而不是把耳朵当眼睛用，把眼睛当耳朵用。"

鲁侯说:"这就更加稀奇了,我想听听到底是怎么回事。"

亢仓子说:"我能使自己的形体契合于心智,心智契合于元气,元气契合于精神,精神契合于虚无。极细小的事物,极轻微的声音,即使远在八荒之外,或者近在眉睫之内,只要出现我就能知晓。我自己也不知道是我的七窍四肢察觉到的,还是我的五脏六腑感知到的,反正自然而然就知道了。"

鲁侯听后十分高兴,有一天告诉了孔子,孔子笑而不答。

谁是圣人

宋国的太宰见了孔子说:"您可是当今的圣人呀!"

孔子说:"我岂敢称圣人。我不过是个爱好学习、勤于思考的人。"

太宰问:"那三王是不是圣人?"

孔子说:"三王善于任用智慧勇敢的人,至于是不是圣人我不知道。"

太宰问:"那五帝是不是圣人?"

孔子说:"五帝善于任用仁义道德的人,至于是不是圣人我不知道。"

太宰又问:"那三皇是不是圣人?"

孔子说:"三皇善于任用顺应时势的人,至于是不是圣人我不知道。"

太宰非常惊异,就又追问:"那究竟谁能称得上圣人呢?"

孔子的脸色变得严肃起来,过了一会儿才说道:"西方有一个人,他不治理国家,国家也不乱,不发表言论,人们自然信任他,不施教于人,人们自觉行动,他的伟大无法用言辞形容,我想他可能算是圣人。但到底是不是圣人,我也不知道。"

太宰听了,默默思忖着,孔子这是骗我的吧?

孔子评学

子夏问孔子："颜回的为人怎么样？"

孔子说："颜回的仁德比我强。"

子夏问孔子："子贡的为人怎么样？"

孔子说："子贡的口才比我强。"

子夏问孔子："子路的为人怎么样？"

孔子说："子路的勇气比我强。"

子夏问孔子："子张的为人怎么样？"

孔子说："子张的庄重比我强。"

子夏站起来说："既然他们四个人都比您强，为什么他们还恭恭敬敬侍奉您，还心悦诚服地拜您为师呢？"

孔子说："坐下！我告诉你，颜回仁爱却不善变通，子贡巧辩却不善内敛，子路勇敢却不善谦退，子张庄重却不善合群，把他们四个人的优点加在一起，从而轻看老师，我是不答应的。这就是他们心甘情愿给我当学生的缘故。"

相邻不交

列子与另一个得道高人南郭子綦,做隔墙邻居二十年,从不交往。两人即使走个对面,也从来不打招呼,好像没有看见对方一样。列子的学生认为两人之间一定有仇隙。

有一个楚国人来见列子,问道:"你和南郭先生之间有什么过节?"

列子说:"没有呀,挺好的。南郭先生身体结实,内心虚静,耳无所闻,目无所见,口无所言,心无所虑,形无所变,我俩见了能干什么呢?既然你说到这,我就随你去见见他。"

列子选了四十个学生一起去拜会南郭子,南郭先生像泥塑木雕一样,根本无法交流。学生们回头看看老师,列子的形体和心神也已经分离,不与别人有任何交流了。过了一会儿,南郭子和列子最后一个学生攀谈起来,言辞犀利,好像在进行激烈的争论,列子的学生们都感到很惊骇,回到家后,脸上还都带着疑惧。

列子说:"掌握真意无须言说,什么都知道也无须言说。将无言当作言,也是一种言。将无知当作知,也是一种知。将无言作为不言,将无知作为不知,也是一种言说和有知。所以也没有什么不能说的,也没有什么不知道的,也没有什么值得说的,也没有什么要知道的,不过如此而已,你们还有什么要疑惧的呢?"

列子好游

早些时候，列子很爱游览。

老师壶丘子问他："你很喜欢游览，游览有什么好的呢？"

列子答道："游览的最大乐趣是每天都可以看到新鲜事物。我和别人的游览不同，别人是有什么看什么，我是在观察事物的变化。游览啊游览啊，没有几个人能明白这两种游览的不同。"

壶丘子说："御寇，我看你的游览和别人没有什么不同，你却说不一样。凡是观赏外界事物，人们常常能从中发现变化。你只知道观察外物的变化，却忽略了自身也在时刻发生变化。只注重游览外物，就会追求外物完备；只有好好反观内心，才能让自身获得充实完美。自身充实完美，才是游览的最高境界；要求外物完备，恐怕算不上游览的至境。"

此后，列子不再游览，认为自己不懂游览，更没有掌握游览的真谛。

壶丘子继续说道："最高的游览境界，就是不知去了什么地方；最神妙的观赏，就是不知看了什么东西。也可以是任何地方都去了，任何东西都看了。这才是游览的最高境界呀！"

文挚医病

文挚是战国时名医,曾给齐文王治病,使文王怒而病愈。

宋国人龙叔有不名之疾,找文挚看病。

龙叔说:"您的医术精湛,不知能否医好我的病?"

文挚说:"一切听先生吩咐。不过要先听听先生的病征是什么情况。"

龙叔说:"我受到乡亲们赞誉不觉得光荣,受到举国人诋毁不觉得耻辱。有所得时不觉得欢喜,有所失时不觉得忧愁。看待生存如同死亡,看待富贵如同贫贱,看待人如同动物,看待自己家如同旅舍,看待家乡如同蛮荒。这些病状,高官厚禄不能劝止,严刑峻法不能威吓,盛衰荣辱不能更改,痛苦欢乐不能变移。病成这样,无法服侍君王,无法交往朋友,无法驾驭妻儿,无法管理佣仆。我患的究竟是什么病呢?用什么奇药妙方才能治好呢?"

文挚让龙叔背对着光站好,后退几步仔细观察,说:"嘻!我看到了你的心了。你的心是空虚的,和得道的圣人的心差不多了。人的心有七窍,您的心已通了六窍,尚有一窍还未通。您是把圣人的心智当成了疾病,这就是原因所在。我的医术太浅薄了,对这种病我是无能为力了。"

生死之道

杨朱的朋友季梁死了，杨朱就望着他的门唱歌。杨朱的朋友随梧死了，杨朱就跑去抚尸痛哭。杨朱对两个朋友的死亡，态度是不同的。

列子对生死的观点是这样的：无所凭借而永远存在的，是道。依照生存之道而生存，即使生命死亡，生存之道是不会灭亡的，这是常理。依照生存之道而生存的却死去了，这是不幸。依照生存之道而生存，最终死去，这也是道。有因由的死去，虽然没有终其天年，也是正常。应该死去的人，却仍然活着，这是侥幸。自然而然生存的称作道，自然而然死亡的称作常理。在一定条件下死去也可以称为道，依据天道死去也可以称为常理。

道常一也，生死一也。

物极必反

人的眼睛将要瞎时,突然能看到非常细微的东西,例如秋毫。

耳朵将要聋时,突然能听到细小的声音,例如飞动的蚊蝇。

口舌将要失去味觉时,突然变得特别灵敏,例如能尝出相近两条河水的差别。

鼻子将要失去嗅觉时,突然会闻到物体烧焦、东西腐烂的味道。

身体将要僵化时,突然觉得筋骨健壮,能快速地跑。

心灵将要迷失时,突然觉得头脑特别清醒,对事情反应很快。

所以,事物不走向极端不会反转,事情走向极端必定反转。

圃泽东里

郑国的圃泽有很多贤德之人,东里有许多才智之士。

圃泽的伯丰子,是列子的高徒。一天带着几个学生路过东里,碰上了邓析。

邓析笑着对自己的学生说:"我去嘲弄嘲弄那群人怎么样?"

邓析的学生起哄说:"我们正想看个热闹呢!"

邓析上前对伯丰子说:"你知道受人供养和自食其力的含义吗?受人供养不能自食其力的人,和猪狗差不多。养物而物为我用,这是人的能力。使你们这些人吃得饱、穿得暖、睡得好,是执政者的功劳。你们这些人整天聚在一起,就像在牛棚羊圈里一样,吃着厨房里剩下的饭菜,和猪狗有什么区别?"

伯丰子面无表情,不理睬邓析。

伯丰子一个学生抢话道:"大夫没听说齐鲁之邦有众多才智之士吗?有的擅长土木建筑,有的擅长打造兵器,有的擅长音乐歌舞,有的擅长书法术算,有的擅长治军打仗,有的擅长主持祭祀礼仪,各类人才都齐备了。但他们中间却没有居于高位的人,他们不屑于去追求高位,也不追求去支使别人。凌驾于他们之上的人没有知识,支使他们的人没有能力。按理说,这些执政者应该被有知识有能力的人支使才对,您有什么可得意的?"

邓析无言以对,转身走了。

公仪伯

公仪伯以力大闻名于诸侯，堂谿公把这事告诉了周宣王，周宣王让人备下厚礼去请他。公仪伯来到之后，周宣王看他的形貌，完全像一个懦夫，心生疑惑，问公仪伯："你的力气到底怎么样？"

公仪伯说："臣的力气可以折断春天蝈蝈的大腿，刺穿秋天知了的翅膀。"

宣王面色难堪地说："我的力气可以撕裂犀牛的皮，可以拽住九牛的尾，还遗憾自己力气小，你只能折断春天蝈蝈的大腿，刺穿秋天知了的翅膀，而却以力大闻名天下，是什么缘故？"

公仪伯发现宣王有些生气，长叹一声，避席而答："大王问得好，臣下只好实话实说。我的老师商丘子，力气之大，天下无敌，而他的父母妻子都不知道。因为他从不使用自己的力气而让外人发现。我舍命追随侍奉他，他才告诉我说，一个人要看见别人看不见的，观察别人没有察觉到的，得到别人得不到的，做成别人做不成的。所以练习眼力的人要先去看车上的柴草，练习听力的人要先去听撞钟的响声。内心修养到家了，外在表现就不难了。外在表现无异于常人，名声不会传出家门。现在我名声在外，是我违背了师父的教导，显示了自己的力气的缘故。然而我的名气不是靠力气大获得的,是靠善于恰当使用力气获得的,难道这不比那些仅凭力气大而获得名声的人强吗?"

公子牟

魏牟是魏国的贤公子，因分封于中山，所以也称中山公子牟。他不关心国事，好交游，和赵人公孙龙是好朋友。

乐正子舆和公子牟聚会时，笑话他竟和公孙龙这样的人交朋友。

公子牟问子舆："你们为什么笑话我和公孙龙交朋友呢？"

子舆说："公孙龙的为人不行。他行为没有师承，学习没有朋友，巧言善辩而不合常理，浮夸荒诞不成流派，标新立异不着边际，总想着迷惑人心，折服人口，整天和韩檀这帮人研讨些奇谈怪论。"

公子牟满面惊异，说："你们这样说公孙龙有些过分吧，有哪些事实依据呀？"

子舆说："公孙龙这个人有一次欺骗孔穿。他给孔穿说，善于射箭的人，能让后一支箭射中前一支箭的箭尾，一支连着一支，最先的一支箭射中靶心，最后一支箭的箭尾还在弦上，中间的箭也不脱落，整体看去就像一支长箭，令孔穿惊诧不已。他还给孔穿说，这还不是最好的射手，逢蒙的弟子鸿超，和妻子生气发怒，用良弓利箭射妻子的眼睛，箭飞到眼前，妻子眼睛都不眨，箭却落到地上，一点尘土都不扬起。这些哪是一个正经人应该说的话呢？"

公子牟说："高人的话不是一般人能够理解的。后箭射中前箭的箭尾，是因为用力均衡，技法娴熟。箭射过来而眼睛不眨，是因为箭势刚好耗尽。这有什么好怀疑的呢？"

子舆说："你是公孙龙一伙的，当然要替他打掩护。我再说说他更荒谬的事。他诓骗魏王说，意念不是本心，有所指称的不是事物的本质，有物分割不尽，影子不会移动，发丝能悬千钧，白马不是马，孤牛犊不曾有母亲。他这些话哪一句合乎常规，哪一句不违背常理。他的奇谈怪论多了去了，说也说不完。"

公子牟说："公孙龙的这些话可都是有道理的，你不理解不能就说他荒谬，我看荒谬的可能是你自己。有意不心，是说意念不是心，意念的作用不是心的全部作用。有指不至，是说指称是名称，不是事物本身，更不是事物本质。有物不尽，是说物外有物，物内分割不尽。有影不移，是说影子自身不会动，移动是由无数个影子构成的。发引千钧，是说如果受力均衡，发丝也可悬重物。白马非马，是说形体和名称分离。孤犊未尝有母，是说孤牛犊不能有母，有母就不是孤牛犊。"

子舆说:"你这是把公孙龙的话当成金科玉律,假如他的话不是从他嘴里说出来,你还会认为是正确的吗?"

公子牟沉默了一会儿,告辞说:"过几天再向您请教。"

尧舜禅让

尧帝治理天下五十年，他不知道是把天下治理好了还是没有治理好，也不知道老百姓拥戴自己还是不拥戴自己。

于是，就询问左右大臣，大臣说不知道。又询问地方官员，地方官员说不知道。又询问一些老百姓，老百姓也说不知道。

尧帝为了掌握真实情况，就去民间微服私访。这天走在大街上，听到一群儿童在唱一首儿歌：养育我们天下百姓，全是您的中正美德。无需知识也无需智慧，只需顺应帝王制定的法则。

尧帝上前问："这歌是谁教你们的？"

小孩子们回答说："我们从大夫那儿听来的。"

尧去询问大夫，大夫告诉他是古诗。

尧已心中有了底数，回到宫里就召见了舜，把天下禅让给他。舜没敢推辞，就接受了禅让，担当起了治理天下的责任。

关尹论道

关尹喜说：自己内心无所拘泥偏执，外界的事理就自然显明。事物运动时如同流水，平静时如同明镜，反应时如同回响。所以说道和物一样自然而然。只有物违背道，道从来不会违背物。

关尹喜说：真正体悟道的人，不用耳朵，不用眼睛，不用力气，也不用心智。想要真正体悟道，用听力、视力、身体、心智，是不恰当的。

关尹喜说：体悟道时，看着在前面，忽然又在后面。它发挥作用时充盈四面八方，不发生作用时也不知它在何处。不是有心求道的人离道远，也不是无心求道的人离道近，只有虚静默然体悟本性的人才能近道得道。

关尹喜还说：从无知出发，怎么还会动感情？从无能出发，怎么还能去作为？可是，那聚集的土块，堆积的灰尘，虽然无情无为，却并不是大道的体现。

卷五

汤问

汤夏对

商汤问老师夏革:"远古之初有万物存在吗?"

夏革答:"如果远古没有万物存在,现在的万物是从哪里来的呢?未来的人们要说我们这时候没有万物存在,可以吗?"

商汤问:"那么事物的产生没有个先后吗?"

夏革答:"事物最初出现的先后不好区分,事物的终结和开始,本来是没有什么界定的。开始或许就是终结,终结或许就是开始,又怎么能理得清呢?至于物之外、事之先的情况,我就不知道了。"

商汤问:"那么上下八方有尽头吗?"

夏革答:"不知道。"

商汤还坚持问。

夏革答:"虚空无边无际,实有无穷无尽,我怎么知道这个道理的呢?你想,无边无际之外连无边无际都没有,无穷无尽之中连无穷无尽都没有。因此,我知道它们没有边际、没有穷尽,而不知道它们有边际、有穷尽。"

商汤问:"四海之外还有什么?"

夏革答:"就像四海之内一样。"

商汤问:"你凭什么这样说呢?"

夏革答:"我向东走到营地,看到那里的人们和我们这里一样。问他们营地东面怎么样，说是也像营地一样。向西走到豳地，看见那里的人们和我们这里一样，问他们豳地西面怎么样，说是豳地西面和豳地一个样。所以我说四海之内、四荒之边、四方极远都和我们这里没两样。所以大小事物互相包含，没有边际，没有穷尽。包含万物，包括包含天地，包含万物没有穷尽，包含天地没有边际。我又怎么能知道天地外有没有比天地更大的存在呢？然而天地不过也是物，既然是物，必定也会有不足之处，所以从前女娲采炼五色石补天的缺损处，拗断大龟的四肢支撑天的四极。以后共工和颛顼争夺帝位，失败后一怒去撞不周山，撞折了擎天柱，撞断了系地绳。所以天空向西北倾斜，日月星辰就移向那里；大地向东南方塌陷，百川之水就汇集到那里。"

商汤问："事物有大小之分吗？有长短之别吗？有同异之辨吗？"

夏革答："在渤海东面不知几万里的地方，有个浩瀚的大海，其实是一个无底的深渊，名叫归墟。八极九野之水，银河滚滚波涛，无不灌注到那里，而归墟里的水，不见增加，也不见减少。归墟中有五座山，一座叫岱舆，一座叫员峤，一座叫方壶，一座叫瀛洲，一座叫蓬莱。每座山方圆三万里，山顶有平地九千里。各山相距七万里，互为邻居。山上亭台楼阁都是金镶玉砌，飞禽走兽皮毛雪白，遍地生长着珍珠宝玉般的树木，鲜花果实滋味甘美，食之长生不老。山上居住的都是神仙和圣贤之流，早早晚晚在天空飞行，相互来往。但是，那五座山的根基无所维系，常随波涛起伏颠簸，漂移不定，神仙圣贤非常苦恼，告诉了天帝。天帝担心五座山漂流沉没，使神仙圣贤失去居所，于是命令禺强指挥十五只巨鳌，用头来顶住五座仙山，分成三拨，六万年交接一次。五座仙山才不再漂流移动。可是龙伯之国有个巨人，抬起脚不几步就来到山前，钓走了六只巨鳌，背回龙伯之国，还烧灼巨鳌的甲骨进行占卜。于是岱舆、员峤两座山失去了依托，漂到北极，沉入了大海，数以亿计的神仙圣贤因此播迁他处。天帝勃然大怒，逐渐削减龙伯之国的版图，使之狭小；逐渐缩短龙伯之国人的身高，使之变矮。到伏羲、神农的时代，龙伯国人的身高还数丈呢。从中州向东四十万里，有一个僬侥国，人的身高只有一尺五寸。东北极边远的地方生活的人，叫诤人，身高只有九寸。荆州之南生长一种树，叫冥灵树，以五百年为春，以五百年为秋。上古有种大椿树，以八千年为春，以八千年为秋。腐烂的朽木上生长一种菌芝，早晨出生，夜里就死掉了。春夏之交，有种小飞虫叫蠓蚋，遇到雨就会出生，见到阳光就会死亡。终北国北边有一个大海，叫天池，海里有一种鱼，背脊宽数千里，身体长短与之相称，名叫鲲。海上有一种鸟，名叫鹏，翅膀像从天上垂挂下来的云彩，身体大小与之相称。世上一般人不知道有这些东西，大禹巡行时见过，伯益知道后才给它们起了名字，夷坚听说后记载了下来。江边生长着一种极细小的虫子，名叫焦螟，它们成群飞舞，能落在蚊子的睫毛上，互相也不会挤压，蚊子也不会察觉。离朱和子羽大白天瞪着眼，也看不见它们。䚡俞、师旷在深夜里支起耳朵，也听不到它们的声响。只有黄帝和容成子，在空峒山上一块斋戒三个月，达到心如死灰形同槁木的境界，缓缓地用心神去观察小虫子，它们的身体像嵩山的丘陵一般大；再缓缓地用元气去聆听，它们的声音像天空中雷电的轰鸣。吴楚两国有种果树，叫作柚，满树碧绿，冬夏常青，果实丹红，略带酸味，食用果皮和果汁，能治愈体内气郁导致的痉挛和昏厥。齐州人也喜欢柚子，可一种植到淮河之北，果实酸涩不能食，所以人们把它叫作枳。八哥不能飞越济水，狗獾渡过岷江就死亡，都是各地水土气候不同的缘故。尽管事物的形体气质有差异，但各自的习性和自己的生存环境相适宜，没法互相转换。生存条件都已完备，天分条件也都充足，我又如何区分它们的大小、识别它们的长短、辨析它们的异同呢？"

愚公移山

太行、王屋两座大山，方圆七百里，高达一万仞，原本在冀州之南，河阳之北。

北山有个老汉，叫愚公，年纪九十岁了，面对大山居住。因为大山阻挡，出门要绕许多弯路，非常不便。

愚公就召集全家人商量："我想同你们齐心协力削平险阻，开出一条直通豫州之南、汉水之阴的路来，你们看行吗？"

大家纷纷表示赞同。只有愚公的妻子提出了异议，说："凭你的力气，连魁父这样的小山丘也搬不走，何况太行、王屋这两座大山呢？况且，那挖出来的泥土石块，置放到哪里去呢？"

大家出主意说："把挖出的泥土石块堆放到渤海边上，隐土北面去。"

愚公率领着儿孙中能挑动担子的三个人，敲石挖土，用簸箕运到渤海边上去。邻居京城氏家的寡妇有个遗腹子，刚换牙，也跑来帮忙。寒来暑往，一年才能来回一趟。

河曲有个叫智叟的老头，笑着劝阻愚公说："你也太不明智了，凭你风烛残年，剩下的力气，连山上的草木也动不了，还能拿泥土石块怎么样？"

愚公长叹一声说:"你的思想实在顽固,一点都不开窍,还不如寡妇家的小孩子呢!就算我死了,还有儿子呀,儿子又有孙子,孙子又有儿子,儿子又有他的儿子,孙子又有他的孙子,子子孙孙是没有穷尽的,而山不会再增高了,挖一担就少一担,还怕挖不平吗?"

智叟无言以对,扭头走了。

山神知道了此事,担心愚公挖山不止,就去禀告了天帝。天帝被愚公的精神打动了,就派夸娥氏的两个儿子背走了两座大山,一座放在朔方东部,一座放在雍州南面。从此以后,冀州南部到汉水之间没有大山阻隔,愚公家出门道路畅通了。

夸父追日

夸父很想弄明白每天太阳落在了什么地方，就去追逐太阳的影子，一直追到太阳落山的隅谷。

夸父这时才感到焦渴难耐，就来到渭河边把渭河一饮而尽，又来到黄河边把黄河一饮而尽。夸父仍然感到口渴不止，就向北走去喝大泽的水，还没走到大泽，就渴死在了路上。

夸父丢弃的手杖，被他尸体的血肉脂膏浸润后，生长出很大一片桃林，人们也叫它邓林，方圆有数千里。

圣人未知

大禹说:"六合之中,四海之内,日月照耀,星辰罗布,四时更替,根据太岁木星的运转而纪年。神灵孕育产生万物,形体性质各不相同,有的短命,有的长寿,只有圣人才能通晓其中的道理。"

夏革说:"但世间仍有不是神灵孕化产生的事物,有不是阴阳交合产生的形体,有不用光明照耀产生的光亮,有不经杀戮的死亡,有不经调养的长寿,有不食用五谷的饱腹,有不穿丝棉的温暖,有不凭借舟车的行路。这一切都是自然而然形成的,圣人也未必通晓。"

终北国

　　大禹治水的时候，有一次迷路，走到了一个国家。它在北海之北，不知道距齐州有几千万里，也不知道边境到哪里为止，名叫终北国。那里长年没有风霜雨露，也不生长鸟兽虫鱼和花草树木。四面一马平川，周围环绕着崇山峻岭。国土中心有一座山，名叫壶领，形如小口陶罐。山顶上有一个圆口，名叫滋穴。滋穴内有一眼泉水喷涌，名叫神瀵，水有椒兰之香，味如甘醇美酒。泉分四条溪水流注山下，曲折萦回，遍及全国。

　　终北国土地湿润，气候温和，没发生过疫病。人们性格婉顺，不竞争不夺取。心地柔美，不骄傲不猜忌。老老少少同居共处，不分君臣上下。男男女女一起游玩，不需媒介和聘礼。沿水边居住，不耕土地，不种庄稼。气候温和适宜，不织布也不穿衣，不夭折也无病痛，长命百岁才死去。那里人们繁衍生息，人丁兴旺，只有欢乐愉快，没有衰老痛苦。那地方的人都爱好音乐，大家结伴而行，轮番对唱，终日不停。饥了饿了，困了倦了，就喝泉里的水，力气心神便能平和如初。喝多泉水则会醉倒，十多天才能醒来。如果用泉水洗澡，肤色滋润光泽，浑身的香气十多天后才能散去。

周穆王曾游览过终北国，流连忘返三年不归。回到国内，依然想念那里，怅然若失，精神恍惚。他不饮酒不吃肉，也不召见嫔妃，几个月后才恢复过来。

管仲鼓动齐桓公，趁着巡游辽口的机会，到终北国一游。齐桓公动了心，几乎都要成行了，这时隰朋劝谏说："君王您要舍弃广袤的齐国和全国的百姓呀！齐国山川秀丽，物产丰饶。人民讲文明知礼义，华服美饰。还有满后宫的妖艳美女，满朝的忠臣良将。您在齐国一声令下，则有百万雄师；一声号召，则诸侯莫不听命。为什么要羡慕那蛮夷之地而抛弃齐国的大好河山呢？仲父已经糊涂了，怎么能听他的呢？"

管仲说："这本来就不是隰朋能理解的，恐怕我们要失去考察那个奇特国家的机会了。齐国的富饶有什么可以留恋的？隰朋的话有什么值得顾忌的？"

奇风异俗

南方人剃去头发，裸露身体；北方人裹着头巾，穿着皮袄；中原人头戴冠巾，身穿衣裙。九州大地提供各种资源，供人们或务农或经商，或植树或捕鱼。这就好比冬天穿裘皮，夏天穿丝葛，水上乘船，陆地行车，生活中潜移默化，自然而然就习之成俗了。

越国东边有一个辄沐之国，那里的人生下长子先吃掉，说这样有利于多生儿子。祖父死了，就将祖母抛弃到荒郊之外，说是活人不能与鬼妻同住。

楚国的南面有一个炎人之国，那里的人死了父母，就把尸体上的肉剔除干净，把骨头埋葬，这样才能称得上孝顺。

秦国的西面有一个仪渠之国，那里的人死了父母，就堆起柴草把尸体烧掉，望着升腾而上的烈焰和浓烟，认为父母的灵魂升天了，这样才能称作孝子。

以上这些习俗，都是当政的人提倡的，老百姓在生活中实行的，并不应该感到大惊小怪。

小儿辩日

孔子去东方游历，路遇两个儿童正发生争论。孔子停下来问事情缘由。

一儿童说："我认为太阳刚升起时离人近，而到了中午离人远。"

另一儿童说："我认为他说的不对，太阳刚升起时离人远，而到了中午离人近。"

前一个儿童说："太阳刚升起时大得像一个车盖，当然离人近了。到了中午只相当于一个盘子，当然离人远了。离近物体显得大，离远物体显得小。"

孔子听这个儿童说得有道理，就点了点头，表示赞同。

后一个儿童说："太阳刚升起时还冷飕飕的，当然离人远。到中午热得人就像手放在滚烫的锅里，当然离人近了。离热的物体远就凉，离热的物体近就热，这是人人都清楚的。"

孔子一听这个儿童说得也有道理，可是又不能说两个都对，为了难。

两个儿童笑着说："老先生，谁说你见多识广啊！"

詹何垂钓

楚国人詹何,用一根蚕丝作为钓线,用细如麦芒的针作钓钩,用细小的竹竿作钓竿,剖开饭粒作诱饵,从深渊激流中,钓起能装满一车的鱼。而且,钓线不断,钓钩不直,钓竿不折。

楚王听后,感到非常诧异,就召见詹何询问缘故。

詹何说:"听先父说过,善于射鸟的蒲且子,用柔弱的弓,纤细的丝线,乘风射出箭去,一箭射中两只正在空中飞翔的黄鹂。这是他用心专一,用力均衡的缘故。我从中得到启发,仿照他射鸟的技法学习钓鱼,经过五年的苦练才掌握了其中道理。当我在河边执起钓竿时,内心不存丝毫杂念,只专注于钓鱼。我投下钓线,沉下钓钩,手用劲儿轻重均衡,外界任何事物都扰乱不了我的心神。水中鱼看到我的钓饵,好像下落的尘埃,聚集的泡沫,毫不怀疑地就吞了进去。这就是我能够以弱制强、以轻御重的道理。如果大王治理国家也能这样,那么天下就可以像手中之物一样掌控自如,还用得着再做其他事吗?"

楚王说:"好。"

扁鹊换心

鲁国的公扈和赵国的齐婴，都患了疾病，同时找扁鹊诊治，扁鹊将他俩都治愈了。

扁鹊对公扈和齐婴说："你们先前让我治的病，都是出生后身体积累的病，用药石即可治愈。我发现你们两个人还同时患有先天疾病，这种病随着身体的生长而发展，我来给你们治愈，怎么样？"

公扈、齐婴说："我们俩有什么先天疾病呢？想请您先讲讲这病的症状。"

扁鹊指着公扈说："你心志强盛而气质柔弱，所以善于谋略而缺乏决断。"公扈点头称是。

扁鹊对齐婴说："你心志柔弱而气质刚强，所以善于决断而缺少谋略。"齐婴也点头称是。

扁鹊对二人说："如果把你们两个的心换一下，各自的心志和气质都得到了平衡，就都健康了。"

公扈和齐婴听了扁鹊的话，都表示同意换心。

于是，扁鹊让二人服用了麻醉药酒，昏迷过去三天三夜。扁鹊打开他们的胸膛，取出心脏，交换安放，又让他们服用了特效神药，二人便醒了过来，看去和先前一样。二人与扁鹊告辞后，就各自回家了。

公扈循着自己的心思，来到了齐婴家里，把齐婴的妻儿当成自己的妻儿，齐婴的妻儿却不认识他。

齐婴循着自己的心思，来到公扈的家里，把公扈的妻儿当成自己的妻儿，公扈的妻儿并不认识齐婴。

两家因此聚讼于公堂，请扁鹊去说明原委。扁鹊讲明了事情的来龙去脉，两家随即握手言和。

师文学琴

相传古代的匏巴，弹琴时能使飞鸟起舞，游鱼跃水。

郑国的师文听了这个传说，就痴迷上了音乐。于是抛家别业，到鲁国拜师襄为师，学习琴艺。可是，学了三年还奏不出一支完整的乐曲。

师襄告诉师文："你可以回家了。"

师文放下琴，长叹道："我不是不能调和琴弦，不是不能奏出乐曲。我的心思不在琴弦上，我追求的不是单纯的音乐。我现在对内尚不得于心，对外尚不应于手，所以不敢贸然拨动琴弦。请先生假我以时日，再来聆听您的教诲吧！"

没多久，师文来见师襄。

师襄问："你的琴现在弹得怎么样了？"

师文说："感觉可以了，请先生听听再说吧。"

于是，师文取琴弹之。

正是春天的时候，师文拨动了与秋天相应的代表金音的商弦，呼应着八月的南吕乐律，顿时凉风习习，草木结出了果实。

到了秋天，师文拨动了与春天相应的代表木音的角弦，呼应着二月的夹钟乐律，顿时春风扑面，枯萎的草木开始萌芽绽花。

面对盛夏，师文拨动了与冬天相应的代表水音的羽弦，呼应着十一月的黄钟乐律，顿时雨雪交加，河流池塘都结了冰。

时至寒冬，师文拨动了与夏天相应的代表火音的徵弦，呼应着五月的蕤宾乐律，顿时阳光普照，坚冰消融。

乐曲进入尾声时，师文操宫调，合奏商、角、徵、羽四弦，顿时春风荡漾，祥云飘浮，天降甘露，地涌醴泉。

师襄听了，高兴得手舞足蹈，对师文称赞道："你的琴声太妙了，就是师旷弹奏的清角、邹衍吹奏的管乐，也超不过你。保不定他们会携着琴瑟、拎着箫笛跟在你后面请教呢！"

响遏行云

薛谭师从秦青学习唱歌，还没有真正学会秦青的技艺，就以为已经学到家了，要辞别老师回家乡去。

秦青也不劝阻，在郊外的路上给薛谭饯行。

秦青在席上击节高歌，激越的歌声震动了林木，发出的回响遏止了行云。

薛谭听后感到自己的道行还差得远呢，请求秦青原谅他的无知，表示愿意继续跟老师学艺，从此再不言归。

余音绕梁

韩娥是一个非常善于歌唱的女子。

韩娥要去齐国,在路过雍门时,带的干粮吃完了,盘费也花光了,只好靠唱歌换取食物和盘费。

韩娥离开三天以后,屋梁间的余音还没完全散去,附近的人们以为韩娥还没离开呢。

韩娥在旅舍里被人欺负了,就长声哀哭,致使全乡的老少百姓都感到悲伤不止,相对落泪,三天吃不下饭去。

韩娥走了不久,人们又追上把她请了回来,献上衣食。韩娥用曼妙的歌喉放声歌唱,全乡的老少百姓情不自禁,欢乐起舞,完全忘掉了前面的悲伤。韩娥临走前,人们赠送了厚重的礼物和盘费。

雍门的人,到现在还擅长歌唱和悲哭,就是韩娥的遗韵啊!

高山流水

伯牙善于弹琴,他的朋友钟子期善于听琴。

伯牙弹琴时,心里向往着登临高山。钟子期听了后说:"好啊!巍峨雄壮如莽莽群山。"

伯牙弹琴时,心里向往着畅游江河。钟子期听了后说:"好啊!汪洋恣肆如大河奔流。"

伯牙和钟子期相携游于泰山之阴,突然遇上暴雨,躲避在一块岩石下面。大雨一直下个不停,伯牙内心悲苦,乃取琴而弹。开始弹的是充满悲怨情绪的大雨,接着弹的是发生山崩地裂的回响。每奏一曲,钟子期都能道尽其妙。

奏毕,伯牙放下琴,由衷地感叹说:"好啊!妙啊!你的欣赏能力真是绝了,你心里想的和我心里一样,我又怎么能在琴弦上隐匿自己的心声呢!"

偃师制伎

周穆王西巡,越过昆仑山,到了日落之处的崦嵫山后,开始返回。路上遇到了一个能工巧匠,名叫偃师。他要给穆王献技,穆王问他有什么绝活。

偃师回答:"只要大王乐意,我都愿意去试,只是我已做好了一件东西,想请大王先观赏一下。"

穆王说:"那你明天带来吧,我们一起观看。"

第二天,偃师来见穆王,穆王接见了他,并问:"和你同来的这个人是谁?"

偃师说:"这就是我制作的艺伎,他能唱歌跳舞。"

穆王惊讶地注视着,看那艺伎快跑慢走,低头仰首,和真人没什么区别。更奇妙的是,拍拍他的脸,他就会唱合于音律的歌;抬抬他的手,他就会跳合于节拍的舞。千变万化,随意所适。

穆王很高兴,就召来宠爱的盛姬和其他嫔妃一起观看。艺伎表演即将结束的时候,眨动着眼睛向穆王的侍妾调情。穆王发现后勃然大怒,要立刻杀掉偃师。偃师大惧,赶快拆散了艺伎给穆王看。原来都是用皮革、木块、胶水、油漆、白垩、黑炭、丹砂、靛青等组合而成的。穆王再看体内,有肝、胆、心、肺、脾、肾、肠、胃,外有筋骨、肢节、毛发、牙齿,都是用其他东西制的,但与真人相比,没有一样不具备的。

偃师又把他重新组装起来，又恢复成先前那个艺伎了。穆王拿掉他的心脏，他就不会说话了。拿掉他的肝，他的眼睛就看不见了。拿掉他的肾，他就不会走路了。

穆王这才高兴地赞叹道："人的技巧，竟能和造化达到一样的水平！"穆王下令，把那个艺伎用车载着，带了回来。

班输造了云梯，墨翟制了飞鸢，都自以为已经登峰造极。他们的弟子东门贾和禽滑釐，把偃师的技巧告诉了他们，两人便终身不敢再谈论技艺，只有老实地守着他们的规和矩了。

纪昌学射

甘蝇，是古代一个擅于射箭的人，只要他一拉弓，就兽倒鸟下。飞卫跟甘蝇学射箭，到后来，射箭的技巧超过了甘蝇。有一个名叫纪昌的人，又拜飞卫为师学射箭。

飞卫告诉纪昌："你要先学会盯着目标而不眨眼睛，再说学射箭的事。"

纪昌回到家，仰卧在妻子的织布机下，用眼睛紧盯着一上一下的踏板。这样过了两年，纪昌能做到锥尖刺到眼眶前，也不眨眼睛。于是就禀告飞卫。

飞卫告诉纪昌："只做到这样还不行，还要练习眼力。等你能把小东西看成大东西，把细微的东西看成显著的东西，我再教你射箭。"

纪昌回到家，用一根牛毛系上一个虱子，悬挂在窗户上，面朝南注视它。十天以后，那虱子越看越大。三年后，看虱子大如车轮。再看其他物体，大如山丘。纪昌操起燕国牛角做的弓，楚国蓬梗制的箭，向虱子射去，正巧穿透虱子的心脏，而牛毛却不断。于是去禀告飞卫。

飞卫听了，高兴得手舞足蹈，拍着胸脯告诉纪昌："你已经掌握射箭的奥秘了！"

纪昌完全学到飞卫的箭术后，琢磨着天下人的箭术,只有飞卫一人能与自己匹敌了。于是就想杀掉飞卫,让自己独步天下。

一日,两人相遇于郊野,便张弓对射。二人的箭锋在空中相互碰击,落在地上却不激起一点尘土。飞卫的箭先射完了,纪昌还剩最后一支,当纪昌把箭射出后,飞卫拔根荆棘抵挡住来箭,竟毫无闪失。

于是,两人激动得热泪盈眶,扔掉弓对拜于路上,相约结为父子,在手臂上刻下标记,发誓永远不把射箭的秘术告诉别人。

造父学御

造父的老师名叫泰豆氏。造父刚开始跟他学习御术的时候,执礼极为谦恭。但是,学了三年泰豆氏也没传授他一点技术。造父执礼更加恭谨,泰豆氏才给他讲:"古诗说,好制弓手的儿子,要先学会编簸箕;好铁匠的儿子,要先学会缝皮衣。你要先观察我如何疾步快走,等你能像我一样疾走,就可以手执六缰,驾御六骏了。"

造父给泰豆氏说:"一切听老师安排。"

泰豆氏立起一排木桩,当成道路,每根桩上只容一足。泰豆氏在桩上来回行走,如履平地,没有丝毫闪失。

造父学着老师的样子,练习了三天,就能像泰豆氏一样,在桩上行走了。

泰豆氏赞叹道:"你真聪明呀,这么快就学会了。学习驾驭马车,也是同样的道理。你刚才走木桩,身心相应,落脚稳当。用到驾驭马车上,就要运用缰绳和嚼子协调好马匹,用轻重吆喝调节好马匹奔驰速度。在内得之于心,在外合之于马,才能进退如踩着准绳,转弯时规矩准确,即使跑到很远的地方,马仍有余力,这才算掌握了御术。掌握好嚼子,可以和缰绳相呼应;掌握好缰绳,可以和手相呼应;手处置得当了,可以与心相呼应。这样就可以不用眼睛看,不用马鞭赶,心安神闲,身体端正,六根缰绳丝毫不乱,六匹马的二十四蹄起落无差,迂回盘旋,前进后退,无不合于节度。然后,可以做到车轮之外没有多余的辙印,马蹄之外不可能再有什么多余的地面。根本不觉得山谷是险峻的,平原和低地有什么区别,都是一回事。我的御术就是这些,你好好记住吧!"

来丹报仇

魏国的黑卵,因私仇杀了丘邴章,丘邴章的儿子来丹要报杀父之仇。

来丹的胆子很壮,但身体孱弱,数着米粒吃饭,顺着风才能行走。虽然怒火中烧,却无力拿起武器报仇,可是他又耻于求人帮忙,发誓要亲手杀死黑卵。

黑卵是一个勇猛剽悍的人,力气超常,能独自抵挡上百人。他的筋骨皮肉也不同于常人,伸着脖子承受刀斧,露着胸膛承受利箭,能使刀卷箭折,身上却不留一丝伤痕。黑卵仗着自己的体质气力,丝毫不把来丹放在眼里,看他就是一只嗷嗷待哺的雏鸟。

来丹的朋友申他,见了来丹说:"你对黑卵已仇恨到了极点,黑卵这小子也太轻视你了,你打算怎么办?"

来丹流着眼泪说:"希望你能替我出出主意。"

申他说:"我听说卫国孔周的祖上,得到了商代帝王的宝剑,一个孩子佩上,就可以吓退三军,你为什么不去请他帮忙呢?"

于是,来丹到卫国拜见孔周,执礼非常谦恭,又请孔周先收下他的妻子儿女做抵押,然后才说出自己的请求。

孔周说:"我家有三把宝剑,可以任你选择,但都杀不死人。我先给你讲讲这几把剑的情况。第一把剑叫含光,看不见形状,挥动时不觉得剑存在。剑锋过处,毫无缝隙,刺人的身体人也不会觉察。第二把剑叫承影,在傍晚或黎明时分,面北观看,隐约有东西存在,但辨不清形状。剑锋过处,会发出轻微的声音,刺人的身体人也不会感到疼痛。第三把剑叫宵练,白天能看到影子看不到光芒,夜晚只看见光芒看不见影子。剑锋过处,能从物体处迅速划过,刺人时伤口随即愈合,虽然能让人感到有点疼痛,剑上却不沾半点血迹。这三把宝剑,在我家已传了十三世,一直珍藏在剑匣里,从未启封过。"

来丹说:"即使这样,也要请你让我用一下最下等的宵练。"

孔周先归还来丹的妻子儿女,和来丹一同斋戒七天。在天气半晴半阴的时候,孔周跪着将宵练交给了来丹。来丹拜谢了两次,方带着宝剑回到家中。

从此,来丹就提着宝剑跟踪黑卵。一次,黑卵喝醉酒躺在窗户下面,来丹过去,从头到腰连砍三剑。黑卵没有察觉,来丹却以为他已经死了,就赶快向门外走去。在门口遇上了黑卵的儿子,来丹又砍了他儿子三剑,好像砍在空气里一样。黑卵的儿子笑着对来丹说:"你傻乎乎地给我招手干什么?"

来丹知道这剑真的杀不死人,就叹息着回去了。

黑卵醒来后,训斥妻子:"我喝醉了,就让我露天躺着,现在我喉咙也疼,腰也发酸。"

黑卵的儿子说:"刚才来丹来这儿了,在门口遇见我,给我招了三次手,我现在感到身体有些疼痛,四肢有些僵硬,该不是这小子给我们施了什么巫术吧!"

锟铻火浣

周穆王大举征伐西戎。

西戎战败，向穆王敬献了锟铻剑和火浣布两样稀罕宝贝。

锟铻剑长一尺八寸，用纯钢制成，锋利无比，用它来切割玉石，就像削泥一样。

火浣布清洗时，必须要投入火中。燃烧时，布呈现火的颜色，污垢呈现布的颜色。烧过后，从火里取出来，只需抖一下，污垢落尽，火浣布光鲜如新，洁白如雪。

皇子认为世上没有这样的事物，是传说的人在胡编乱造。

一个叫萧叔的人说："皇子过于自信了，各种事物自有它存在的道理，不管你信还是不信。"

卷六

力 命

力命争功

人力对天命说:"你的功劳怎么能比得上我呢?"

天命说:"你对人和万物有什么功劳,说这种大话?"

人力说:"人的寿命长短、穷通尊卑、贫困富有,是我人力能够决定的。"

天命说:"彭祖的智力赶不上尧舜,却活了八百岁。颜渊的才华不在众人之下,却只活了三十二岁。孔子的仁德不在诸侯之下,却受困于陈蔡。殷纣王的品行远不如微子、箕子、比干,却高居君位。贤者季札在吴国没有封爵,而伪者田恒却能在齐国专权。有气节的伯夷、叔齐饿死在首阳山上,鲁国奸诈的季孙氏比柳下惠还富有。如果这些是你人力可以决定的,那为什么让彭祖长寿而让颜渊短命?为什么让圣人困厄而让逆者显达?为什么让贤者卑贱而让愚者尊贵?为什么让好人贫穷而让恶人富有?"

人力说:"就算如你所说,我对人和万物没什么功劳,人和万物如此这般,难道是你天命主宰的吗?"

天命说:"既然已经称呼为"天命"了,哪里还会有什么主宰呢?对于合理的事物,我尽力促进它。对于不合理的事物,任其自生自灭好了。世间一切,自然地寿夭,自然地穷通,自然地尊卑,自然地贫富,我怎么会知道其中原因呢?"

北宫西门

北宫子遇到西门子,就对西门子说:"我和你生活在同一个社会,而人们只让你显达。我和你同一个宗族,而人们只尊敬你。我和你的相貌都差不多,而人们只喜欢你。我和你说话声音一样,而人们只重视你说的话。我和你做事一样,而人们只相信你。我和你一块步入仕途,而人们认为你应该重用。我和你同时务农,而总是你获得丰收。我和你同时经商,而总是你获得盈利。我穿的是粗布,吃的是杂粮,住的是茅草屋,出门靠步行。而你穿的是锦衣绣裳,吃的是山珍海味,住的是高楼华堂,出门坐豪华马车。平时你趾高气扬,上朝时盛气凌人,见面不打招呼,出游从不同行,这种状况实在有年头了,你自以为德行比我很高吗?"

西门子说:"我无从知道你说的是否完全属实,我只知道你做事总是磕磕绊绊,我做事都是顺顺利利,这大概就是德行高低的明证吧!你还在那里说各方面都和我一样,脸皮可真厚呀!"

北宫子无言以对,满面羞惭,怏怏而退。

路上遇到东郭先生。东郭先生问北宫子:"你从什么地方回来,遇到什么不痛快的事情了,一副神不守舍的样子?"

北宫子把情况告诉了东郭先生。东郭先生说:"我将设法去掉你的羞愧之心,再一起去找西门子问个清楚。"

二人找到西门子,东郭先生对西门子说:"你这人是怎么羞辱北宫子的,我想再听你说一遍。"

西门子说:"北宫子对我说,他什么都跟我差不多,我凭什么比他过得好。我告诉他我办事都是顺顺利利的,他办事都是磕磕绊绊的,这就是德行高低的明证。他还说什么都和我差不多,脸皮真厚。"

东郭先生说:"你说的只是表面的差别,我和你说的不一样。北宫子道德高尚,但时运不济。你的命运很好,但才德浅薄。你的亨通显达,也不是凭你的才智得到的。北宫子贫困,也不能说明他就愚蠢。你二人天命如此,完全靠人力是做不到的。现在你以天命高厚而羞辱他,他以天命浅薄而羞愧不止,犯的都是不理解自然事理的错误。"

西门子说:"请先生不要再说了,我知道我那些话错了,以后不敢再说了。北宫兄,对不起,我那些昏话别往心里去。"

北宫子回家以后,仍穿粗布衣服,却觉得像穿皮衣一样暖和;仍吃杂粮粗饭,却觉得像山珍海味一样;

仍住茅草屋，却觉得像住高楼大厦一样；坐在摇摇晃晃的柴车上，像有四匹高头大马拉着一样。他一生怡然自得，再不牵挂荣辱。

东郭先生听说北宫子变了，说："北宫子糊涂了那么长时间，听我一番话，就能醒悟，真是个聪明人呀！"

管鲍之交

管仲和鲍叔牙二人是知己,交情深厚。他们都在齐国,管仲侍奉公子纠,鲍叔牙侍奉公子小白。

齐国国君宠爱公族子弟,嫡庶不分,违背了宗法礼制,齐国人都担心日后生乱。管仲和召忽保护着公子纠逃往鲁国,鲍叔牙保护着公子小白逃往莒国。不久,公孙无知杀了齐襄公,自立为君。大夫雍林又杀了公孙无知,齐国没有了君主。两位公子争相回国抢夺王位,战于途中,管仲箭射公子小白,正巧射中他衣服上的带钩,小白险些命丧箭下,心中对管仲怀有深仇大恨。

小白后来登上了君位,是为齐桓公。桓公就胁迫鲁国杀掉公子纠。召忽自杀,管仲也被囚禁。

鲍叔牙见齐桓公,进言道:"管仲有卓越的才能,应该用他来治国理政。"

桓公说:"他是我的仇人,我一定要杀掉他。"

鲍叔牙说:"我听古人说,贤明的君主不应当有私仇。况且一个人能尽心效力于主人,一定会忠心于君主。如果你想成就宏图大业,非用管仲不可。"

于是,桓公召回了管仲。鲍叔牙亲自到郊外去迎接,亲手卸下管仲的刑具。桓公也以隆重礼节接见了管仲,封给他的官位比高、国两位卿大夫还高,并称为仲父。鲍叔牙自己也做了管仲的下属。果不其然，齐桓公在管仲的辅佐下成就了霸业。

管仲曾感叹说："如果不是鲍叔牙，我何谈今天的勋位，恐怕连小命也保不住。我年轻时家里贫困，和鲍叔牙一起经商，分配钱财时，总是多取一些。鲍叔牙并不认为我贪婪，知道我家里穷困，觉得我多取点是应该的。我曾为鲍叔牙谋划过事情，结果都失败了，他并不因此认为我愚笨，而认为是时机不利造成的。我曾三次出仕为官，三次都被君主赶走，鲍叔牙不认为我没有才能，而是认为没遇到赏识我的明主。我曾三次参加作战，而三次遇到危险时我都逃跑了，鲍叔牙不认为我怯懦，而是知道我家有老母无人奉养。公子纠死后，召忽殉节，我没有死，鲍叔牙不认为我没有气节，而是认为我还有大志未遂。生我的是父母，知我的可是鲍叔牙啊！"

管仲生病，齐桓公来看他，说："仲父这次病得很重，您是明白人，我也不用再忌讳什么。万一您的病治不好，谁能接替您呢？"

管仲反问："您说您想让谁接呢？"

桓公说："我看可以交给鲍叔牙吧。"

管仲说："我看不行。鲍叔牙为人洁身自好，清廉奉公，确是贤良之士。但他对于德行不及他的人，不能亲近，一旦听闻他人过失，终生不忘。如果让他接替我，他可能会上忤君主，下逆民心，得罪于您的日子也就不远了。"

桓公问："您看到底谁可以呢？"

管仲答："如果我的病好不了，就让隰朋接任。隰朋，可以做到让上级信任他、不怕他、不防他，可以做到让下级都听他、都信他、都敬他。他惭愧自己的仁德不圆满，用黄帝的标准要求自己，又怜惜同情那些不如自己的人。以贤德来感化人的人是圣人，以财物来接济人的人是贤人。因为贤能而盛气凌人的人，没有得人心的。因为贤能而谦逊待人的人，没有不得人心的。隰朋对国事不会巨细皆问，对家事不会过分苛求，这样就自然而然，所以他可以接任。"

管仲不是故意贬低鲍叔牙，而是为了国家大事，不得不直言。管仲推崇隰朋，也是为了国家安危，不得不推崇他。有的开始推崇，后来反而变成了贬低。有的开始贬低，后来反而变成了推崇。总之，贬低和推崇是相互转化的，这不是个人意志决定的。

子产杀析

郑国大夫邓析，持模棱两可之说，创设一套巧于讼辩的言辞，并将子产公布的《刑书》修改后刻在竹子上，称为《竹刑》。

子产执政时，屡屡被邓析责难，常被弄到理屈词穷的地步。子产下令逮捕了邓析，过了一段时间，他把邓析杀掉了。（据《左传》记载，邓析不是子产所杀，而是被另一位郑国执政所杀。）

其实，子产并不愿意施行《竹刑》，但当时不得不施行《竹刑》。邓析当初并不能使子产屈服，而是子产不得不屈服。子产不是一定要杀掉邓析，在当时的形势下不得不杀掉邓析而已。

季梁就医

杨朱有个朋友叫季梁，患病七天后病情恶化。他的孩子们围着病榻哭泣不止，请求为他找医生诊治。季梁对前来看他的杨朱说："我这些孩子如此不明事理，你为何不替我开导开导他们？"

于是，杨朱唱道："上天不知我的病，凡人如何能说清？不是福分从天降，亦非祸孽自酿成。无论是我还是你，一片迷茫云雾中。不管是医还是巫，全是痴人在说梦。"

季梁的子女不明白杨朱歌中的含义，还是请来矫、俞、卢三位医生来给季梁诊治。

矫医生诊断后对季梁说："你对天气冷热没有调节好，体内虚实失衡，病因就是饥饱不均、色欲过度，不是上天也不是鬼神在作乱，病情确实相当严重，但还是可以治愈的。"

季梁说："庸医啊，赶快给我出去。"

俞医生诊断后对季梁说："你先天胎气不足，尽管出生后奶水充裕，也补不了先天的缺陷，你这病并非一朝一夕所致，而是逐渐积累下来的，据我看来，已经无药可治了。"

季梁说："良医啊，你们请先生吃饭吧。"

卢医生诊断后对季梁说："你的病，不是上天造成的,也不是人造成的,更不是神鬼造成的。你秉承了生命,接受了这个形体,就有制约你的天道,也有理解你的天机,那么药物对你的疾病能会有什么作用呢?"

季梁说:"这位是神医啊,赠以重金,送他走吧。"

不久,季梁的病不治而愈。

杨布问道

杨布问哥哥杨朱:"有两个人,年龄差不多,资历差不多,才能差不多,形貌也差不多。而他们的生命长短却相差很大,社会地位相差很大,名誉好坏相差很大,受人爱憎程度相差很大。这使我非常困惑。"

杨朱回答说:"古人有句话,说是不知道为什么这样而这样,就是天命。如今世上万物,昏昏昧昧,纷纷扰扰,任其所为,任其不为,日去日来,循环往复,谁又能明白其中的道理呢?这都是天命的安排呀!相信天命的人,就不计较生命的长短;相信天理的人,无所谓是非对错;相信本心的人,不考虑处境逆顺;相信天性的人,无所谓安危祸福。这就是什么都相信,什么都不相信。一个真正悟了道的人,那还会忧虑何去何从、人生哀乐悲喜、为与不为的什么区别吗?黄帝书中说,得道的至人,静坐时如同死灰,行动时好比木偶。不知道为什么坐着,也不知道为什么不坐;不知道为什么行动,也不知道为什么不行动。不为世人的看法改变自己的情貌,独往独来,独出独入,又有谁能阻碍得了呢?"

纷纭众生

有这样四个人：一个虚伪狡诈，一个轻举妄动，一个迂阔迟缓，一个急躁冲动。四人同游历于世，各自称心如意，多少年互不来往，都以为自己智慧高深。

有这样四个人：一个巧言令色，一个质朴憨厚，一个懵懂无知，一个逢迎拍马。四人同游历于世，各自称心如意，多少年来不相互交流，都以为自身那一套巧妙精微。

有这样四个人：一个哀怨郁闷，一个露情外向，一个口吃性急，一个唠叨碎嘴。四人同游历于世，各自称心如意，多少年来不相互启发点拨，都以为自己才华卓越。

有这样四个人：一个羞涩腼腆，一个扯皮推诿，一个英勇果敢，一个犹豫胆怯。四人同游历于世，各自称心如意，多少年来不相互批评督促，都以为自身行为无懈可击。

有这样四个人：一个随和谦虚，一个刚愎自用，一个趋炎附势，一个清高自赏。四人同游历于世，各自称心如意，多少年来不相互理睬，都以为自己生活得滋润幸福。

这就是大千世界的众生相，虽然他们形貌不一，性情差异，但都合于天道，这全是命运的安排呀！

乐天知命

看上去成功了，其实并未成功；看上去失败了，其实并未失败。事物在相似的边界上变得模糊不清，难以分辨。如果能做到不迷惑于相似性，就不会为外来的灾祸而惊心，也不会为自身的幸福而狂喜。

死生来源于天命，穷富来源于时机。抱怨自己命短的人，是不相信天命。抱怨自己贫穷的人，是不知道时机。能做到安时知命，面对死亡而不恐惧，身处贫困而不悲戚。

让一个富有智慧的人去衡量利害，揣测虚实，猜度人情，对的是他，错的也是他。让一个缺乏智慧的人去衡量利害，揣测虚实，猜度人情，对的是他，错的也是他。衡量与不衡量，揣测与不揣测，猜度与不猜度，又有什么区别呢？

本性不是靠智慧保全的，也不是智慧导致其消亡的。保全是自然保全的，消亡是自然消亡的，丧失是自然丧失的。

牛山堕泪

齐景公登上临淄南面的牛山,向北望着都城,发出无限感慨,流着眼泪说:"多么美好的国土呀!草木茂盛,郁郁葱葱,人为什么要像河水流逝那样一代一代死去呢?假使自古以来就没有死亡,难道我还会离开这儿到别处去吗?"

大臣史孔和梁丘据都跟着齐景公流泪说:"臣等仰仗主上恩赐,粗茶淡饭,劣马栈车,尚且不愿死去,何况国君您呢?"

晏子在一旁暗笑。

齐景公擦干眼泪,责怪晏子说:"我今天触景伤情,史孔、梁丘据还陪着我流泪,你却在那里发笑,是何道理?"

晏子说:"如果让贤明的君主永远统治这个国家,那么应该是太公和桓公;如果让英勇的君主永远统治这个国家,那么应该是庄公和灵公。如果这几位国君永远统治着齐国,那么国君您可能披着蓑衣,戴着斗笠,正在农田里干活呢。要操心的是庄稼能否丰收,哪有闲工夫去考虑死不死呢?而且您又能从哪里来继承王位,成为今天的国君呢?正是历代国君相继登基,又相继死去,今天才轮到您呀!有生有死,这是天道,您却为自己有朝一日会死去而痛哭流涕,是不仁的表现。我今天看见了一个不仁的君主和两个阿谀逢迎的臣子,所以发笑。"

齐景公听了晏子的话,感到很惭愧,先罚了自己一杯酒,又罚了史孔和梁丘据各两杯酒。

子亡不悲

魏国有个叫东门吴的人，儿子死了，人们看不出来他有什么悲伤。

东门吴的管家感到很奇怪，就问东门吴："主人，我知道您对儿子的喜爱，恐怕天下人没有比得上的，现在儿子死了，您却一点也不悲伤，这是为什么呢？"

东门吴说："我以前是没有儿子的，那时候我不觉得悲伤。现在儿子死了，和过去没儿子的时候有什么两样呢？我为什么要悲伤呢？"

管家摇摇头，表示不理解。

东门吴说："人的生命长短是上天注定的，我悲伤与否，并不能影响儿子的生命。我悲伤儿子也不能活过来，我悲伤儿子也不知道呀！"

顺势听命

农民种地要赶农时，
商人经商要追求利润，
工匠制器要讲究工艺，
官员当政要力求升迁，
以上这些都是由时势决定的。
种地有丰有歉，
经商有盈有亏，
工匠有成有败，
官员有升有降，
以上这些是由命运安排的。

卷七

杨 朱

真假名声

杨朱去鲁国游历，住在朋友孟氏家里。

孟氏问杨朱："生而为人就可以了，为什么还要追求名声？"

杨朱答："名声有用呀，比如利用它追求财富。"

孟氏问："已经很富有了，为什么还不停止追求呢？"

杨朱答："只有富有还不能满足，还要追求显贵的地位呀！"

孟氏问："已经显贵了，为什么还不停止追求呢？"

杨朱答："有了财富、显贵的地位也不能满足，还要追求死后的荣耀呀！"

孟氏问："人都死了，还要名声干什么呢？"

杨朱答："为了子孙后代呀！"

孟氏问："名声对子孙后代有什么好处呢？"

杨朱答："名声是人们劳神费力才得到的，名声的好处可以泽被宗族，惠及乡党，当然对子孙后代有好处了。"

孟氏说："但凡追求名声的人，一定廉洁，廉洁就受穷；但凡追求名声的人，一定谦让，谦让社会地位就低下。"

杨朱说:"管仲担任齐国宰相时,始终和国君保持一致。君王淫逸,他也淫逸,君王奢侈,他也奢侈,处处顺着君王的意愿,所以他的方略才能推行,辅佐桓公称霸诸侯。但管仲死了以后,他的家族就衰落了。田成子出任齐国宰相,君王专横,他就谦逊;君王聚敛钱财,他就广泛施舍。民心都归附田氏,因此便据有了齐国,子孙享其福泽,至今不曾中断。"

孟氏说:"这样看来,真实的名声使人贫困,倒是虚假的名声使人富贵了。"

杨朱说:"干真事的没有名声,有名声的不真实,名声都是假的。过去尧、舜假装要把江山让给许由、善卷,因而不失天下,享祚百年。伯夷、叔齐真正让了君位,国家也灭亡了,自己也饿死了。实实在在和弄虚作假的区别,不是明摆着的吗!"

纵论人生

杨朱说:"人活一百岁是人生的大限,一千个人中也很难找到一个。假设有一个人活到一百岁,那么孩提阶段和老迈阶段加起来,几乎占去了他人生的一半。晚上睡觉消耗的时间和白天醒着浪费掉的时间,又几乎占去了其余时间的一半。病痛哀苦,忧伤惊惧,又几乎占去了剩余时间的一半。算算只剩十来年光景了,人生中真正能够怡然自得、心无挂碍的日子,少之又少。"

杨朱说:"那么人生一世,究竟为了什么呢?究竟有什么快乐可言呢?不外乎是为了锦衣玉食、歌舞声色罢了。然而锦衣玉食不可能常常得到,歌舞声色也不可能天天享受,动辄还要受到刑罚的禁阻,礼节的约束。小心谨慎地处事,战战兢兢地做人,徒然失去了人生的快乐,一刻也不敢放纵自己的身心。如此这般的生活,和戴着刑具关进牢里的罪犯有什么不同?"

杨朱说:"远古时代的人们,懂得人的生命不过是短暂来到世间,死亡不过是离开了世间。因此随心所欲,不违背自己的本性,不抛弃自身的欢乐,也不为名利所诱惑。顺着本心,自然而然,不去追求死后的名声,也不去触犯刑律。名声大小,生命长短,都不是他们所思虑的。"

杨朱说:"万物的差异在于生命的过程,万物的共同点是死亡终结。活着的时候有贤明和愚昧之分,尊贵与贫贱之分,这是差异。死了以后都要腐臭消亡,这是相同之处。即便如此,贤明愚昧、尊贵卑贱不是自己能自主的,腐臭消亡也不是自己能做主的。对于万物来说,生死是齐等的,贤愚是齐等的,贵贱是齐等的。活十年是死,活一百年也是死。仁人圣贤会死,凶顽恶劣之人也会死。活着的时候是尧舜,死后是腐骨。活着的时候是桀纣,死了以后也是腐骨。面对腐骨,谁还能知道他们生前的差异呢?姑且享受今生的乐趣,哪有工夫考虑死后的事情呢?"

杨朱说:"伯夷并非没有欲望,只是清高太过分了,以至于饿死。柳下惠并非缺乏感情,只是坚贞太过分了,以至于子孙寡少。清高和坚贞,以至于耽误人生到如此地步。"

杨朱说:"原宪在鲁国隐居,挨饿受冻。子贡在卫国经商发财,家累万金。原宪贫寒损害生命,子贡富有劳累身心。人生要快乐高兴,身心安逸,不要让贫穷损害生命,也不要富贵拖累身心。"

生怜死捐

杨朱说:"古代有句话说得非常好,生相怜,死相捐。所谓相怜,并不是仅仅动之以情,而是能使劳苦的得到安逸,饥饿的得到饱饭,寒冷的得到温暖,穷困的得到显达。所谓捐弃,不是不悲哀,而是不再往死者嘴里放珠玉,身上穿锦衣,不在灵前陈列牺牲,不在坟内埋葬明器。"

管晏论道

晏婴向管仲请教养生之道。

晏婴问:"先生,想听听您在养生方面有什么高见呢?"

管仲答:"养生的关键就是随心所欲,自然而然,自由自在,身体上不要堵塞,精神上不要遏制。"

晏婴问:"那具体包括哪些内容呢?"

管仲答:"让耳朵听想听的,让眼睛看想看的,让鼻子闻想闻的,让嘴巴说想说的,让身体做感觉舒服的事情,让内心想喜欢的念想。想听不让听,遏阻听觉灵敏;想看不让看,遏阻视觉明亮;想闻不让闻,遏阻嗅觉通畅;想说不让说,遏阻口才锋利;想做不让做,遏阻身体舒适;想恣意不让恣意,遏阻本真天性。凡此种种,都是残害身心的因素,摒弃掉这些因素,欢欢喜喜一直到死,哪怕只活上一天、一月、一年、十年,这就是我所谓的养生之道。如果不摒弃这些因素,受着它们约束,悲悲戚戚活上很久,即使是一百年、一千年、一万年,也不是我主张的养生之道。"

管仲反问晏婴:"我给你谈了养生的事情,想问问你关于丧葬的事情应该怎样对待?"

晏婴答:"丧葬的事情就简单多了。人已经死了,难道还由得自己吗？可以把尸体放在火中烧掉，可以沉到水里，可以埋到土里，可以抛在露天野外，可以裹上柴草扔到沟里，也可以锦衣绣服安放在石棺里。总之，碰到什么风俗就按什么风俗办就是了。"

管仲说："生死的道理，我们两个算是弄明白了。"

酒色兄弟

子产当郑国执政三年，郑国大治。百姓服其教化，坏人惧其刑律，各诸侯国没有敢欺负郑国的。

子产有个哥哥叫公孙朝，有个弟弟叫公孙穆。公孙朝好酒，公孙穆好色。

公孙朝的家里藏有美酒千盅，糟曲堆放得像小山一样，离他家百步空气里都弥漫着酒味。当他沉迷在酒里时，从不考虑世道的安危，人情的厚薄，家业的有无，亲族的远近，存亡的哀乐。即使水火袭其居，刀兵交其面，也茫然无知。

公孙穆的后庭，房屋鳞次栉比，住满了年轻貌美的女人。当他沉溺女色时，屏退亲友，拒绝交游，夜以继日地纵情享乐，三个月才从后庭出来一次。但仍然未觉满足，凡遇到姿色姣好的女子，或用财物招引，或使媒妁说诱，必要弄到手才罢休。

子产为此事大伤脑筋，便私下造访邓析，对邓析说："儒家认为，修养好自身就能推及全家，治理好一个家庭就能推及全国，这说的是由近及远。我把郑国已经治理得差不多了，可是家里却是一团糟，这不是把次序弄颠倒了吗？怎么挽救我的哥哥、弟弟呢？请您给我出个主意吧！"

邓析说："我也早对这种情况感到奇怪了，只是没敢问过您。您为什么不找个机会管教他们一下,劝他们要认识到性命的重要,启发他们明白礼义的尊贵。"

子产采纳了邓析的意见,找机会见到了哥哥和弟弟。对他们说:"人比禽兽高的地方在于理智,理智表现出来的就是礼义。一个人具备了礼义,名誉和地位就会随之而来。如果一味地沉溺于酒色,连性命也有危险了。你们如果听从我的劝告,早晨改过自新,晚上就能让你们得到官位和俸禄。"

兄弟俩告诉子产:"这番道理我们早就知道,哪还要你来教训我们。生命是非常珍贵的,死亡却是非常容易的。用珍贵的生命去等待极易得到的死亡,这不是傻子才干的事情吗?你想通过尊重礼义而向人夸耀,通过扭曲性情来沽名钓誉,我们认为这样活着还不如死了的好。生而为人,就应该尽情享受人生的欢乐。唯恐肚腹太小不能恣意畅饮,唯恐身体疲惫不能纵情声色,我们可没时间去考虑名声好坏,去担心性命危险。你凭着治国才干夸耀于人,用你那套说辞来烦我们,用功名利禄来引诱我们,你不觉得太浅薄可笑了吗?我们告诉你,善于治理外物的人,外物未必治理得好,自己却累得心力交瘁;善于治理内心的人,外物未必混乱，而本性自然安逸。以你治理外物的方法，或许暂时在一国奏效，却未必合于人心；以我们治理内心的方法，则可以推广天下，连你那套君臣礼义都可以束之高阁。我们常想用我们这些想法开导你，你今天却用你那套理论教训起我们来了。"

子产茫然无言以对，就把此事告诉了邓析。

邓析说："原来您和得道的高人住在一起却没有觉察，怎么能算得上一个有智慧的人呢？郑国能得到治理，我怀疑也是偶然撞上，不能算是您的功劳！"

端木疏财

卫国的端木叔，是子贡的后代。凭着祖上留下的遗产，积有万贯家财。

端木叔从不关心社会事务，只顺着自己的心意行事，想做的就去做，想玩的就去玩。他家的高墙深院、楼阁台榭、花园池沼、美酒玉食、华衣锦服、歌舞声乐、嫔御侍妾，和齐、楚两国国君相比，也差不到哪里去。耳朵想听的，眼睛想看的，嘴巴想尝的，即使是出自异国他乡的，也非弄到手不可，如同取自己院里的东西一样。如果想出去游玩，即使远隔千山万水，也一定到达，如同到附近走走一样。

端木叔每天家里宾客盈门，数以百计，厨下烟火不熄，堂上声乐不辍。招待宾客之外，多余财物散于宗族，再有余财散送乡里，再有余财散送全国。到了六十岁，气血体力渐衰，干脆放弃家业，散尽库藏，车马、服饰、妾婢一个也不留，不给子孙留下任何家产。等到他生病时，已无钱抓药；等到他死去时，已无钱埋葬。国内接受过他施舍的人，凑钱安葬了他，并把财产返还给他的子孙。

禽滑釐听闻此事，说："端木叔真是个狂妄放荡之人，把他祖宗的脸都丢尽了。"

魏国的段干木听说此事，说："端木叔真是个通

达之人，他的德行超过了他的祖先。他的作为，人们感到惊讶，然而却是合乎情理的。卫国人多以礼教来束缚自己，当然难以理解他的内心和行事。"

杨朱达观

杨朱的弟子孟孙阳问杨朱："假如有人珍视生命，爱惜身体，想不死能做到吗？"

杨朱答："做不到，人没有不死的。"

孟孙阳问："不死不可能，求长寿可以吗？"

杨朱答："不可以。生命不是因为珍视就能长久，身体不是因为爱惜就能强壮。况且要长寿干什么呢？人的情感和好恶，古今一样；身体的安危，古今一样；世间的苦乐，古今一样；社会的治乱，古今一样。人世上的事情，该听的听了，该看的看了，都经历过了，活上岁数就可以了，真活得太长，还会经历更多痛苦和折磨，何必呢？"

孟孙阳问："照你这样说，早死比晚死还好了。赴汤蹈火，践刀踏刃，不是很容易就能做到吗？"

杨朱答："不像你说的那样，上天既然赋予了你生命，就应当好好活着，过好自己的日子，能活多长时间就活多长时间。将要死亡时，也不要留恋那么多，自然而然，直到命终，何苦要为生命的长短而惶恐不安呢？"

一毛不拔

杨朱说:"伯益不肯治理天下,抛弃自己的国家,去过自食其力的隐居生活。大禹舍家为公,以至于劳累过度,患上重病。古代的人损失一根毫毛有利天下而不做,把整个天下都给他也不要。每个人都不愿损失一根毫毛,每个人都不愿做有利于天下的事,天下就大治了,世界就太平了。"

禽滑釐问杨朱:"取你身上的一根毫毛,就可以接济整个社会,你会不会去做呢?"

杨朱答:"社会本来就不是一根毫毛能接济得了的。"

禽滑釐问:"假如可以,您是否会去做呢?"

杨朱没有搭理他。

禽滑釐出门将此事告诉了杨朱的学生孟孙阳。孟孙阳说:"你没理解先生的意思,让我给你说说吧,假如有人侵害你的肌肤,给你万金,你干吗?"

禽滑釐答:"干。"

孟孙阳又问:"假如有人砍掉你的一条腿或一条胳膊,给你一个国家,你干吗?"

禽滑釐默然一阵子,没做任何回答。

孟孙阳说:"一根毫毛轻于肌肤,一块肌肤轻于一节肢体,这是很明显的。但肌肤是由一根根毫毛组成的,肢体是由一块块皮肤组成的,尽管一根毫毛只是身体的万分之一,或更小,难道就可以轻视它吗?"

禽滑釐说:"我没有什么话可以回答你。但是要拿你的这些话去问老聃、关尹,或许是正确的。如果拿我说的话去问大禹、墨翟,那么我的话就是正确的。"

孟孙阳听罢,就回头去和别人讨论其他事了。

四圣二凶

杨朱说:"天下的美誉都归之于虞舜、大禹、周公、孔子,天下的恶名都归之于夏桀、殷纣。然而舜在河阳耕田、在雷泽制陶时,身体得不到片刻休息,吃不到像样的饭食,父母不爱他,弟弟妹妹不喜欢他。到了三十岁,不经父母同意娶了妻子。等到尧把帝位禅让给他时,年纪已经老迈,智力也行将枯竭。生个儿子商钧,也没有治理国家的才能,只好把帝位禅让给禹,忧心忡忡地活到老死。他真是天底下受苦受难最多的一个人啊!"

杨朱说:"鲧受命治理洪水,毫无功绩,被舜杀于羽山。禹子承父业,侍奉杀父仇人,为了治水三过家门而不入,儿子出生也不管,累得胼手胝足,半身不遂。舜把帝位禅让给他,他为了节约仍住低矮的房屋,到祭祀时才穿华美冠服。心事重重地活到老死,他真是天底下忧愁痛苦最多的一个人啊!"

杨朱说:"周武王死后,成王年幼,周公代掌国政。召公怀疑他有篡国之心,不利于成王,就散布流言蜚语,有些人又趁机作乱。周公东征三年,诛杀了发动叛乱的哥哥管叔鲜,流放了参与谋反的弟弟蔡叔度,才得以保全自身。忧心忡忡地活到老死,他真是天底下担惊受怕最多的一个人啊!"

杨朱说:"孔子学问高深,深通治国之术,接受诸侯国的聘请,周游列国。在宋国时,他带领学生在大树下演礼,大司马桓魋命人砍倒了大树,孔子险些被杀。在卫国时遭到别人造谣中伤,只好秘密出逃。在商周地方,遭到别人囚禁。在陈蔡地方,遭到别人围困,险些饿死。他曾屈尊地在季氏手下当过小官吏,还受过季氏家臣阳虎的侮辱。忧心忡忡地活了一生,他真是天底下最凄惶窘迫的一个人啊!"

杨朱说:"以上四位圣人,活着时没享受一天欢乐,死后却享有万世美名。人们把一切赞美的语言都加在他们头上,还有什么用呢?名声本来就是虚的,死了以后,怎么称颂褒扬他们也不会知道,和草木土块没什么两样。"

杨朱说:"夏桀凭借祖宗基业,高居帝王之位。他才智足以抗衡群臣,声威足以震慑海内。一生恣意享受逸乐,一切为所欲为,直到死去。他真是一个最荒淫放荡的人啊!"

杨朱说:"殷纣凭借祖宗基业,高居帝王之位。他说的话没人敢不听,他要干的事没人敢反对。他在宫内日夜放纵,从不拿礼义束缚自己,直到死去。他真是天底下最纵情暴戾的人啊!"

杨朱说:"以上两个恶人,活着时纵欲享受,死后身背千古骂名。可是死了以后,尽管遭到世人唾骂,他们却不会知道,也和草木土块没什么两样。四位圣人虽然集天下美誉于一身,却艰难困苦过了一生,最后还是要死亡。两大恶人虽然集天下恶名于一身,却快活逸乐一生,最后也是要死亡。二者有什么区别呢?"

说梁惠王

杨朱去拜见梁惠王,说自己有治天下之术,治理一个国家易如反掌。

梁惠王说:"听说先生家里有一妻一妾,尚且管理不好,三亩大的菜园,也疏于打理。却说治国易如反掌,这是为什么呢?"

杨朱回答:"大王您见过人牧羊吗?一群羊百来只,五尺童子提鞭跟在羊群后面,让羊群往东就往东,让羊群往西就往西。如果让尧牵只羊走在前面,让舜拿着鞭子跟在后面,那么让这只羊前进一步可能都困难,更别说走很远了。"

梁惠王点点头说:"这有可能。"

杨朱接着说:"我还听说,能吞下舟船的大鱼,决不到小河中去游动;翱翔长空的大雁,决不到污泥水塘边栖落。这是为什么呢?因为它们有极其远大的志向。黄钟大吕不可能为繁杂低俗的舞蹈去伴奏,这是为什么?因为它们的音调舒缓高雅。做大事的人不操心过问小事,成就大功业的人不拘泥于小节,可能就是这个道理。"

梁惠王笑了。

杨朱诘名

杨朱说:"太古时代离我们太遥远了,那时人类历史上发生的事情已经湮灭,谁还能说得上来呢?三皇时代的事情,仿佛存在又仿佛不存在;五帝时代的事情,到如今也如梦似幻,模糊不清;三王时代的事情,或隐或显,有些事情文字记载得相当清楚,但这些很少很少,恐怕不到亿万分之一。当代的事情,或听闻,或见识,恐怕也是万不及一。眼前的事情,或存在,或废弃,千百件中恐难识别其一。从太古到今天,时间难以胜记,究竟有多少年谁也说不清。即使从伏羲时代算起,到现在也有三十多万年了。其中的贤愚、美丑、成败、是非,无不归于消亡,只是有早有晚罢了。追求一时的名声,使身心饱受煎熬,这没有什么实际意义。难道名声能够滋润死后的枯骨吗?如果人活着时,一心只想着追求那些虚无缥缈的名声,人生还会有什么乐趣可言呢?"

人物公有

杨朱认为："人类就像大自然的天地一样，有阴阳之分，禀受五行之性，是所有生命中最具有灵性的物类。人的牙齿和指甲不足以保护自身，皮肤肌肉不足以抵御外物入侵，奔跑疾走不足以趋利避害，身上也没有防御严寒的羽毛，人的生存靠的是智慧而不是蛮力。所以，人的智慧是高贵的，人的力气是卑下的。智慧之所以高贵，是它能维持人类生存繁衍；力气之所以卑下，是它能使人去侵害外物。人的身体并不是归自己的，既然有了，已经存在这个世界上，就应该好好保全它。外物更不是属于人固有的，既然已经使用了，就不应该抛弃它。"

杨朱认为："人自身固然是生命的主体，外物应该看成供养生命的主体。虽然人要保全生命，但也不能独自占有自己的身体。虽然不舍弃外物，也不能独自占有外物。据有身体，是将属于天下的身体占为己有。据有外物，是将属于天下的外物占为己有。"

杨朱认为："不无理占有本属于天下的身体，不无理占有本属于天下的外物，大概只有圣人才能做得到。把属于天下的身体化为公有，把属于天下的外物化为公有，这是道德完满的至人，是做人的最高境界了。"

寿名位财

杨朱说:"一般人不能很好休息的原因有四个:一是长寿,二是名誉,三是地位,四是财货。为了这四件事,人就会怕鬼、怕人、怕权势、怕刑罚,有这四怕的人是违背自然本性的人。这种人死了也好,活着也好,生命都受着外物的支配。不违逆天命,何必羡慕长寿?不追求尊贵,何必沽名钓誉?不汲汲于权势,何必迷恋官位?不贪图奢富,何必攫取财货?这样就可以成为顺应自然本性的人,就可以支配自己的命运,无敌于天下。俗话说得好:'人不娶妻当官,欲望减去大半。人不穿衣吃饭,君臣之道了断。'周代的谚语说:'农人不会忙死,但却可以闲死。'农人早出晚归,耕种已成习惯。家常饭菜以为美味,粗布衣衫感到合体。真让他们穿上厚软的毛皮,住进丝绸的帐幕,整天吃着大鱼大肉、山珍海味,反而会心烦意乱,发热生病。所以,农人安于辛苦,适于简朴,享受着真正的幸福生活。"

农人献曝

宋国有个农民，时常穿着破旧的麻絮衣服越冬。春天来了，他到田间去劳作，曝晒在太阳底下，感到浑身暖洋洋的，舒服极了。他不知道世界上还有高楼大厦、温室暖房，他不知道富人穿的锦衣绣服、貂氅狐裘。

农民回到家对妻子说："晒太阳取暖舒服，恐怕还没有人知道。我打算把它献给国君，说不定会得到重重的赏赐呢！"

妻子未置可否。

农民在路上遇到一个富裕的乡邻，就把自己的想法神秘地告诉了人家。

乡邻说："从前有个穷人，把自己常吃的豆荚、枲麻、蒿苗当成人间美味，推荐给乡里一个富人。富人尝了尝，嘴里像被虫子蜇咬得火烧火燎，肚子里肠翻胃疼。众人都嘲笑那个穷人，令他羞愧难当。你呀，就和他一样。"

阴阳之蠹

高大的房屋，华贵的衣服，甘美的食物，漂亮的女人，人有了这四样东西，还要向外追求其他的，就是贪得无厌。贪得无厌是人的天性，是阴阳之蠹。

你宣扬忠诚吗？忠诚不足以使君王安宁，反而会伤害自身。你主张正义吗？正义不足以使事物受益，反而影响事物生存。君王和臣子都安安宁宁，不需要再大力宣扬忠诚；外物自身互相得益，不需要再竭力鼓吹正义。

人们追求名声的行为从未停止过。有了名声就尊贵荣耀，就安逸享乐，这符合人的天性；没有名声就卑下受辱，就忧愁痛苦，这是违背人的天性。可见，名声确实是实体所维系着的。名声怎么能抛弃？名声怎么能附从？那些死抱着虚名不放而牵累实体的人，是令人厌恶的。因为这可能导致世事败亡，无可挽救。

卷八

说　符

列子持后

列子就学于壶丘子林。列子向老师请教立身处世的道理。

壶丘子林说:"等你明白保持谦虚退让的道理后,才可以探讨立身处世的问题。"

列子说:"很愿意听老师讲讲谦虚退让的道理。"

壶丘子林说:"回头看看你的影子就明白了。"

列子回头观察自己的影子,发现身子弯曲影子跟着弯曲,身子挺直影子跟着挺直。

壶丘子林说:"影子的曲直取决于身体的曲直,而不是它自己能决定的。人立身处世,窘困或顺达是客观规律支配的,不是自己能决定的。所以要做到持后,做到谦虚退让,最后才能处于领先的地位。"

谨言慎行

关尹告诫列子要谨言慎行,讲了下面一番道理。

言辞美妙,回音就动人。言辞粗鄙,回音就难听。身体修长,影子就修长。身体短小,影子就短小。个人的名声就好比是回音,一生的报应就好比是身影。所以,一个人说话要谨慎小心,话一出口,即有回音。一个人做事要慎重稳妥,行为既施,影子立至,好的行为自然有人跟随。

圣人听人言语即能判断是个什么样的人,观察过去即可预知未来,这就是所谓的先知先觉。衡量人的尺度在于自身,验证效果在于他人。别人喜爱我,我也喜爱他,别人厌恶我,我也厌恶他。

商汤、周武热爱天下百姓,所以为王。夏桀、商纣厌恶天下百姓,所以国败。这是铁的历史事实。验证和法度都很明白,你不去遵循实施,就好像外出不经大门,出行不走道路。考察虞、夏、商、周的典籍,古圣先贤的言论,兴亡存废都是这个道理,没有例外。

重利轻道

严恢给列子说:"人们学习道就是为了富有,假如我今天得到了珍贵的珠宝,已经富有了,那还要再学道干什么?"

列子说:"夏桀和殷纣这两个暴君,只知道重视财富,贪图享乐,而轻视道,所以身死而国亡。一个人不懂道义,只知道填饱肚子,无异于鸡狗。"

列子还说:"为了争夺食物而互相角斗,恃强凌弱,和禽兽没有什么差别。这样的人让别人尊重他是不可能的。人们都不尊重他,恐怕危险和耻辱也快要降临了。"

列子学射

列子学习射箭,准确地射中了靶心,便请关尹子指点。

关尹子问列子:"你知道为什么能射中靶心吗?"

列子答:"我还真说不清其中的道理。"

关尹子说:"那你的射技还不到家,好好继续练吧!"

列子回去继续苦练,并琢磨其中的道理。三年后,又去向关尹子汇报。

关尹子又问:"你现在知道为什么能射中靶心了吗?"

列子答:"知道了。"

关尹子说:"这就行了!保持这种状态,千万不要遗忘。不仅射箭是这样,治国、修身也是如此。所以,圣人不仅考察客观事物存在或消亡,而且着重考察事物存在消亡背后的原因和道理。"

识贤任贤

列子说:"年轻人血气方刚,目中无人,容易骄纵;力气大的人,自以为能扛鼎推石,容易逞强。给这些人是不可以谈理论道的。和头发尚未花白的人谈论道,很少不出差错,更不要说在实际中践行大道了。很少有人去给骄纵逞强的人指出缺点,没人指出缺点,自己又不觉悟,那么这些人就会陷入孤独和无人相帮的境地。"

列子说:"贤明的人向来不会骄纵逞强、恃才傲物,并能很好发挥别人的作用。即使年纪大了,仍能治事理政,兴旺事业。即使智力衰弱了,仍然不会思维混乱。所以,治理国家、发展事业的关键,在于执政者能够识贤任贤,而不是自己有多大本事。"

楮叶莫辩

宋国有一个玉雕工匠，用三年时间为国君雕刻一片楮叶。

雕成的这片楮叶，茎脉清晰，叶柄粗细得当，叶片上叶毛也很清晰，望去光泽莹润，放置在楮树叶中难辨真伪。于是这个工匠凭借雕刻技巧获得了国家的俸禄。

列子听闻此事，说："假使天地生养万物，三年只长出一片叶子，那么地上有叶子的树就会很少了。所以，圣人凭借大道推行教化，而不仰仗个人的技巧。"

列子固穷

列子生活贫困，面带饥色。有人对郑国的执政子阳说："列子是有道德学问的人，生活在郑国却受穷挨饿，也许您不喜欢人才吧？"

子阳听后，立即派人给列子送去了粮食。列子在大门外，对来人拜了又拜，拒绝了馈赠，来人只好把粮食又运了回去。

列子回到屋里，妻子满脸怒气地望着他，捶着胸口说："做有道之士的家人，都能过上安逸快乐的日子。你可倒好，家里都揭不开锅了，执政派人送来了粮食，你又退了回去，难道命中注定全家都要跟着你忍饥挨饿吗？"

列子笑着对妻子说："我和执政并不认识，他对我也不熟悉，只是听了别人的话就给我赠送粮食。如果以后有人在他面前说了我的坏话，他也可以轻易给我治罪呀。所以我不能随便接受他的馈赠。"

后来，郑国发生内乱，子阳被杀。

顺昌逆亡

鲁国施家有两个儿子，一个爱好儒术，一个爱好兵法。爱好儒术的这个儿子，利用自己学到的儒术去干请齐侯。齐侯接纳了他，让他当了诸公子的老师。爱好兵法的这个儿子，利用自己学到的兵法去干请楚王。楚王很赏识他，让他当了楚国军队的军官。两个儿子的俸禄给全家带来了富足，两个儿子的官位给家族带来了荣耀。

施家的邻居孟家也有两个儿子，也是一个爱好儒术，一个爱好兵法。但全家生活却非常窘困，很羡慕施家的富有，便去施家请教让儿子出外干禄的门道。施家两个儿子把实际情况告诉了孟家父子。

孟家的一个儿子去了秦国，利用儒术以干请秦王。秦王说："如今各国诸侯均以武力争夺天下，当务之急是富国强兵，如果按你说的去推行什么仁义道德，明摆着是一条自取灭亡之路。"于是将他处以宫刑后驱逐出秦国。

孟家的另一个儿子去了卫国，利用自己学到的兵法干谒卫侯。卫侯说："我们卫国是个弱国，夹在强国之间勉强生存。对大国我们采取侍奉的态度，对小国我们实行安抚的政策，只有这样才能保障国家安全无事。你却劝我强兵尚武，如果按你说的去做，卫国就危险了。今天要让你全身而退,你若是去了其他国家,肯定不利于卫国。"于是对他施以刖刑后放回鲁国。

孟家两个儿子回家后,全家人非常气愤,一起跑去指责施家。施氏说:"凡是顺应时势时就昌盛,凡是违逆时势时就败亡。你的两个儿子和我的两个儿子所学一样,求官的方法和途径也一样,效果却不同,这是时势造成的。天底下没有永远正确的道理,也没有永远错误的事情。现在适用的将来可能会被抛弃,现在抛弃的将来可能正巧适用,用或不用是由当时当地的情势决定的。没有固定的是非对错。抓住机会,及时行动,因应事变,不拘成法,才是智慧的表现。如果缺乏智慧,即使像孔子那样博学多才,像姜太公那样兵法娴熟,到哪儿会不遭受挫折呢?"

孟家父子听着,脸上的怒气渐渐消散了。对施氏说:"对不起,我们明白了,您不要再说了。"

文公伐卫

晋文公重耳出兵会师，要去讨伐卫国。公子锄在一旁仰天大笑。

文公问公子锄："你为什么发笑？"

公子锄回答："我笑我的一个邻居。他送妻子去走亲戚，半路上遇到一个采桑女子，长得非常漂亮，就动了心思，主动上前搭讪。担心妻子吃醋，扭头一看，妻子也正在与别的男人调情。我笑的就是这件事。"

晋文公听出了公子锄话中的用意，于是停止伐卫。率领部队还未回到屯驻营地，就传来消息，说是有他国侵犯晋国北部边境。

晋国苦盗

晋国苦于盗贼为患。有个叫郗雍的人擅长识别盗贼,只要他一看人的面貌神情,就能断定是不是盗贼。晋侯让他去识别盗贼,一千个中不会遗漏一个。

晋侯十分高兴,就给文子说:"我得到这样一个奇人,全国的盗贼就能捉光了,还要那么多捕盗的人干什么呢?"

文子说:"您依靠这样的办法捉拿盗贼,看来盗贼是捉不完了。而且郗雍这个人一定会不得好死。"

盗贼聚在一起商议说:"郗雍这个人已经使我们没有活路了,想法把他杀掉吧。"过了不久,郗雍被杀。

晋侯闻讯大惊,立即召见文子。对文子说:"果真像你预料的那样,郗雍被他们杀了。这以后该怎么办呢?"

文子说:"周代有句谚语,说是能够看到深渊里游鱼的人不吉祥,能够预料藏匿之事的人有灾殃。我认为,您要想消灭盗贼,不如举贤任能,多行善政。在上政教昌明,在下美俗风行,人人有羞耻之心,谁还会再去做盗贼呢?"

于是,晋侯重用贤人随会,社会风气大变,盗贼也纷纷逃到秦国去了。

诚能亲水

孔子从卫国返回鲁国,中途休息,就在河梁休息。孔子看到河流湍急,波涛汹涌,鱼不能在这里游,鼋鼍不能在这里生存。

这时,有一个男子正要泅水渡河,孔子赶忙派人阻止他。

孔子走上前问这个男子:"河水这么湍急凶恶,即使水族也难以停留,我想你是难以游过去的,还是不要冒这个险了。"

男子不以为意,到水里游了好一阵儿,又安全上了岸。

孔子问男子:"你的游泳技术非常高超,是有什么道术吧?你这样在水里如履平地,自由出入,是什么原因呢?"

男子说:"我刚才入水时,首先抱着忠信诚意,我从水里出来,仍然抱着忠信诚意。忠信诚意把我的身体置放在湍急河流之中,我不敢有半点私心杂念,之所以能自由出入,就是这个原因吧。"

孔子对弟子们说:"你们一定要记住,连水都可以靠忠信诚意去亲近它,何况人呢?"

至言去言

白公，姓白，名胜，是春秋时楚国大夫。

白公问孔子："可以与人密谋吗？"

孔子没有答话。

白公又问道："如果把石头投到水里，会怎么样？"

孔子答："吴国善于潜水的人可以把它捞出来。"

白公再问："如果把水倒进水里，又会怎么样？"

孔子答："淄水和渑水混合在一起，易牙尝一尝，就能分辨出来。"

白公叹道："难道一定不能与别人密谋吗？"

孔子答："有什么不可以呢？只要心领神会就可以了！所谓心领神会，就是不用语言来表达。打鱼的人衣服常被水沾湿，打猎的人要奔跑追赶野兽，不是他们乐意被水弄湿衣服，乐意拼命奔跑，是不得不这样。所以最高明的言论是没讲出的言论，最高妙的行为是没动作的行为。那些浅薄之人的无休止争论，不过是一些细枝末节罢了。"

白公没能领会孔子话中的含义，仍然密谋叛乱，最终失败，自缢于浴室里。

持胜之道

赵襄子的家臣新稚穆子去攻打狄人部族，一天取下左人和中人两座城池，获得重大胜利。

新稚穆子派人回国给赵襄子报捷。当时赵襄子正在吃饭，得闻捷报却未显出高兴，反而流露出了忧虑的神色。左右人问道："一天之内攻取两城，这是令人高兴的大喜事，您却面带忧色，为什么呢？"

赵襄子说："江河潮水虽然很大，超不过三天就会消退；暴风骤雨来势很猛，坚持不了一个早晨；中午的太阳光强烈，一会儿就要偏西。眼下我们赵家德行还积累太少，无法让全国百姓受益，尽管前线一天拿下两座城池，我担心的是危险会随时而至。"

孔子听闻后说："看来赵家今后要兴旺了。忧虑会带来昌盛，喜乐会导致败亡。取得胜利不是最难的，最难的是持胜，是保持巩固住胜利果实。贤明的君主用这个道理持胜守成，福泽可以延及后代。齐国、楚国、吴国、越国都曾取得过重大胜利，然而最终都走向了败亡，就是因为不懂得持胜守成的道理，只有贤明的君主才能做到。"

孔子可以力举城门门闸，但从不显露自己的力量。墨子精于攻防之策，但从不标榜自己精通兵法。善于持胜的人有一个共同点：总是把自己的强大看成弱小。

好行仁义

宋国有一家人好行仁义，相传三代都毫无懈怠。一天，这家的黑牛生了一头白牛犊，家里人感到事情很奇怪，于是父亲就让儿子去请教孔子。

孔子说："这是吉祥的事呀，可以把它进献给天帝。"

过了一年，父亲的眼睛无病无灾地瞎了。

后来那头黑牛又生了一头白牛犊，父亲又让儿子去请教孔子。

儿子说："上次问他，他说是好事，可是你的眼睛无缘无故地瞎了，再去问他干什么？"

父亲说："圣人所说的话，开始不一定应验，往往后来会应验，你还是去问问吧！"

儿子去问孔子，孔子说："这次和上次一样，还是吉祥的事呀，可以把它进献给天帝。"

儿子回家向父亲转达了孔子的话，父亲给儿子说："就照孔子说的话去办吧。"

过了一年，儿子的眼睛也无缘无故地瞎了。

这年楚国攻打宋国，包围了国都很长时间，全城人苦不堪言，到了易子而食、劈骨当柴的地步。所有成年男子都要登城作战，最后死伤大半。这户人家的父亲和儿子，因为都是瞎子幸免于难。等到战争结束没多长时间，两人的眼睛不治而愈，都复明了。

以技干君

宋国有一个走江湖玩杂耍的人,以技艺去求见宋元君。宋元君召见了他,并观看了他的表演。他把两根比自己身体还长一倍的木棍,分别绑在自己腿上行走,还能疾步如飞,同时手中舞弄七把剑,把它们不断抛向空中,其中总有五把始终在空中翻腾。宋元君大为惊奇,当即赏了他金银丝帛。

又有个走江湖玩杂耍的人,会轻功,身轻如燕,也去求见宋元君。宋元君听后勃然大怒,说道:"上次那个人的江湖杂耍,看个热闹而已,其实没一点用处。之所以给他赏赐,是正逢我心情好。这个人可能听说了此事,也想得我赏赐吧。"

于是命人把这个人抓了起来,准备处死,过了一个月又把他放了。

九方皋相马

秦穆公对伯乐说:"您的年纪大了,您的子孙中有没有像您一样会相马的人呢?"

伯乐答道:"挑选良马,可以通过它的形体、外貌、筋节、骨骼来判断,要挑选天下无双的宝马则不然。这样的宝马似乎绝迹了,又似乎逃匿了,很难找到。这样的马奔跑起来,好像飞一样,四蹄不着尘土,跑过去蹄印都不留。我的儿孙都不行,他们最多可以帮你挑选一般的良马。我有一个曾经一块儿挑担卖柴的朋友,名叫九方皋,他相马的本领比我高,您可以见一见。"

秦穆公召见了九方皋,就让他去寻找天下无双的宝马。

三个月后,九方皋回来报告:"宝马找到了,就在沙丘那边。"

秦穆公问:"是一匹什么样的马?"

九方皋答:"是一匹黄色的母马。"

结果让人牵来一看,是一匹黑色的公马。

秦穆公很不高兴,对伯乐说:"你推荐的什么人呀?连毛色公母都分不清,会相出什么样的马来。"

伯乐惊叹道:"九方皋的相马本领已经达到了这样高的境界了,这正是他强过我的地方。他观察的是马的天机禀赋，是马的内在品性，所以才忽略了毛色公母。他看的是应该看的，忽略的是不必看的。像九方皋这样相马，抓住本质，忽略表象，细细体味会悟出比相马更重要的道理。"

秦穆公让人骑上跑了一圈，果然是一匹天下无双的宝马。

修身治国

楚庄王问詹何:"怎样才能治理好国家呢?"

詹何答:"我只懂得修身,不懂得治国。"

楚庄王说:"我现在能够供奉宗庙,掌管王权,很希望得到巩固治理这个国家的办法。"

詹何说:"我还没有听说过身心修养好了而使国家陷入混乱的,也没有听说过身心修养不好而使国家得到治理的。所以治国的根本在于修养身心,我不敢给您多说其他细枝末节了。"

楚庄王说:"你讲得很好。"

人有三怨

狐丘丈人对孙叔敖说:"人们常常会怨恨三种人,您知道吗?"

孙叔敖问:"都是哪三种呢?"

狐丘丈人答:"地位高的人,有人嫉妒他;功劳大的人,君主猜忌他;俸禄厚的人,有人怨恨他。"

孙叔敖说:"地位越高,越是谦恭卑下;功劳越大,越是谨慎小心;俸禄越厚,越是散财惜贫。用这些做法去消弭三怨,大概可以了吧?"

狐丘丈人颔首。

请封寝丘

孙叔敖病危,临终前告诉自己的儿子:"楚王几次要封我土地,我都没有接受。如果我死了,楚王肯定会给你封地,你千万要记住,不能要那些条件好的地方。楚国和越国交界处,有一块叫寝丘的地域,条件很差,名字又很难听。楚国人相信鬼神,不会有人愿意要它。越国人爱祈福祷祥,也不会有人想起来去侵占它。这样你就可以长久地拥有这片土地了。"

孙叔敖死后,楚王果然要封给他儿子良田沃土。他儿子牢记父亲的遗嘱,坚辞不受。请求改封寝丘,楚王就答应了。这块土地在孙叔敖子孙手里,一直都没丧失。

牛缺遇盗

牛缺是秦国上地的大儒，要去赵国都城邯郸办事。走到一个叫耦沙的地方，遇上了强盗，被抢光了行李车马。牛缺步行从容离去，脸上没有丝毫吝惜的表情。强盗见了非常奇怪，就追上去问他原因。

牛缺说："你们抢去的都是身外之物，我不能为了这些身外之物而伤了自己的身心。"

强盗听了后说："真是个见识不凡的人啊！"

强盗们又相互议论："这样一个有本事的人，要是见了赵国国君，赵君可能请他来捉拿我们，可就坏大事了，干脆把他杀了算了。"

于是，强盗追上去把牛缺杀了。

燕国有个人听说此事，就召集全族人互相告诫说："以后谁出门在外，若是遇上强盗，可不要学习牛缺。"族人全都接受了这个告诫。

不久，那个燕人的弟弟去秦国办事，行至函谷关下，遇上了强盗。他想起了哥哥的话，就和强盗争夺行李，争夺不过，又追着强盗哀求归还他财物。

强盗勃然大怒，说："我们留你一条活命已经够意思了，你还追着我们要东西，这不是暴露了我们的行踪吗？既然做强盗，哪还给你讲什么仁慈呀！"

于是，强盗就把这个人杀了，又杀了他四五个同伴。

飞鸢坠鼠

虞氏是梁国的富人,家境殷盛,金银财宝无数。

一天,虞氏在一座临街的高楼宴请宾客,设有乐队,丝竹管弦,鼓乐喧天。有的下棋,有的赌博,欢笑声直冲窗外。

一群侠客从楼下经过,恰巧有只老鹰从空中飞过,嘴里叼着的死老鼠不小心滑落下来,砸在一个侠客头上。侠客们以为有人故意从楼上抛死老鼠羞辱他们。

侠客们商量说:"姓虞的富有日子过的时间长了,不把别人放在眼里。我们又没招惹他,他却用死老鼠来羞辱我们,此仇不报,天下人会笑话我们,还怎么在世上混?瞅个日子,哥们儿带上自己的人手,一起把姓虞的灭了,方解此恨。"众人都赞同。

到了约定那天夜里,侠客们各自带上自己的人手,全力攻打虞氏,彻底灭了虞氏全家。

死不食盗

东方有一个叫爰旌目的人，要到别的地方去办事，因盘费用尽，饿昏在路旁。

狐父有一个叫丘的盗贼路过时发现了饿昏的爰旌目，就把自己带的壶中泡饭喂了他几口，爰旌目慢慢睁开了眼睛。

爰旌目问丘："你是什么人？为什么救我？"

丘说："我是狐父人，名丘。"

爰旌目睁大眼睛，惊讶地问道："啊呀！你不是个强盗吗？你为什么给我吃东西？强盗的饭我饿死也不能吃呀！"

爰旌目两手撑地，要把吃进去的饭呕吐出来，弄得喉咙喀喀作响也呕吐不出，一会儿趴在地上死了。

知与不知

柱厉叔当莒国国相,侍奉莒敖公,以为莒敖公不理解自己,就辞职离开,到海边居住。在海边夏天只能吃点菱角,冬天只能吃点橡栗,生活得非常艰苦。

后来,莒敖公遇到了危险,柱厉叔告别亲友,要去拼死救助莒敖公。

柱厉叔的朋友很不理解,说:"当时你离开他,是因为他不理解你。现在他遇到了危险,你明知去了也是送死,却还偏要去,你这样做,莒敖公理解你、不理解你还有什么区别呢?"

柱厉叔说:"你们说得不对,正是因为他当初不理解我,我才离开他。现在我去为他战死,证明他当初真不理解我。我要以死羞辱那些不理解臣子的君主。"

柱厉叔真是一个为了怨恨而不顾及性命的人。

利出怨往

杨朱认为：带给别人利益，实惠跟着就会到来；将怨恨发泄给别人，祸害跟着就会降临。

从这里发出，能在外面得到反应的唯有内心情感。所以，贤明之士对自己的言行举止都十分谨慎小心。

歧路亡羊

　　杨朱的邻居丢失一只羊,便带着一大帮人去寻找,还拉上了杨朱的年轻仆人。

　　杨朱说:"嘻!丢了一只羊怎么动员那么多人去找?"

　　邻居说:"因为岔路太多。"

　　后来寻找羊的人回来了,杨朱问:"找到了吗?"

　　邻居答:"没找到。"

　　杨朱问:"去了那么多人怎么还没找到呢?"

　　邻居答:"每条路都有岔路,岔路又有岔路,我们不知沿哪条路去找才能找到,就回来了。"

　　杨朱听了,脸上现出愁容,好久没有讲话,一整天都显得闷闷不乐。

　　弟子们都感到奇怪,就问杨朱:"羊本来就是寻常的家畜,而且又不是先生的羊,您为什么那么犯愁呢?"

　　杨朱沉默着,没有回答弟子们。弟子孟孙阳出门后把此事告诉了心都子。

　　过了几天,心都子和孟孙阳一起去见杨朱,说:"从前有兄弟三人,在齐、鲁两国游学,拜的是同一位先生,修习完仁义之道回到家里。父亲问他们,什么是仁义呢?大儿子说,仁义使我首先爱惜生命,把名誉放在次要位置。二儿子说，仁义让我舍生取义，关键时候宁愿牺牲性命也要保全荣誉。三儿子说，仁义让我既要爱惜生命，又要保全声誉。他们三个的观点不同，又是出自同一师门，谁对谁错呢？"

杨朱说："有人在河边居住，熟悉水性，靠撑船摆渡作营生，可以供养百人。跟他当徒弟的人很多，走了一批，又来一批，其中淹死的约占了一半。本是来学撑船摆渡的，不是来溺水送死的，可结果反差很大，你觉得怎样是对怎样是错呢？"

心都子和孟孙阳默不作声地走了出来。

孟孙阳对心都子说："你怎么问得那么拐弯抹角，先生答得也稀奇古怪，让我搞得更迷糊了。"

心都子说："因为岔路太多，羊丢失了；因为治学途径太多，学生迷失了方向。各类学说并非根源不同，并非根本观点不一致，而结论却相差悬殊。只有回到本源和根本观点上去，才不会迷失方向。你可是先生的得意门生，却没听明白先生用了寓言的手法，可悲呀！"

白狗黑狗

杨朱的弟弟杨布，出门时穿着一身白衣服，半路下起了大雨。杨布怕弄脏了白衣服，就换了一身黑衣服。等他回家时，自己的狗一时没认出他来，就对他狂吠。杨布非常生气，抄起一根棍子就去追打。

杨朱看见了，就喝止杨布，笑着说："你打它干什么？它没什么错，换成你也一样。假使你的狗出去时是白色的，回来时变成黑色的了，你不感到奇怪吗？"

小心行善

杨朱说:行善事并不是为了求名声,而名声随着就来了。有名声不是为了谋取利益,可利益随着名声就来了。利益并没有同纷争相约,而纷争随着也来了。所以,君子行事时也要格外小心谨慎。

不死之术

从前有个人,说他有不死之术,燕国国君就派使者去向他学习道术。派去的使者尚未学会,那个人就死了。燕国国君很生气,认为派去的使者不得力,耽误了大事,一怒之下要把他处死。

他宠幸的大臣劝谏说:"人最怕的就是死亡了,没有比生命更重要的东西了。那个人连自己的性命都保不住,怎么能有什么道术让国君长生不死呢?"

于是,国君赦免了使者。

有个叫齐子的人,也想向那个人学习长生不死之术,听说他死了,悔恨得捶胸顿足。富子嘲笑齐子说:"你想向他学习不死之术,而他自己都死了,你后悔什么呢?真不知道你要学的目的是什么。"

胡子说:"富子的话错了。有的人掌握了道术不会实践,有的人能实践却不掌握道术。卫国有个擅长术数的人,临死前将要诀告诉了儿子,儿子却不会运用。别人向他询问了要诀,拿去运用后,达到了和他父亲不相上下的水平。如果是这样,那个死去的人为什么不能知道长生之术呢?"

简子放鸠

邯郸的老百姓，正月初一给赵简子进献斑鸠。赵简子非常高兴，就重赏了献斑鸠之人。

有门客问简子："为什么要重赏这些人？"

简子说："正月初一是新年，放生斑鸠表示有好生之德。"

门客说："人们知道你要放生这些斑鸠，为了得到赏赐，会去捉更多的斑鸠，这中间不知道有多少斑鸠会横死。如果真想让斑鸠活下去，不如禁止捕捉。捉了再放，恐怕放生的恩德抵不住伤生的罪过。"

简子说："你说得对。贴出告示，禁止捕捉斑鸠。"

鲍童诘相

齐国国相田氏，在大厅举行祭祖宴会，参加的宾客多达千人。

席上有人进献鱼和雁。田氏心里非常高兴，感慨地说："上天对待人类真是不薄呀！种植五谷，生养鱼鸟，以供人们享用。"

众宾客纷纷响应，说国相说得对。

鲍家年仅十二岁的孩子也来参加了宴会，这时站起来说："相爷您说的我有些不同看法。天地万物与我们共同生存这个世界上，各成其类，本没有高低贵贱之分，只是根据体力大小、智力高下，互相制约，迭相为食，但这不意味着被食者是专为食者所生。正如蚊虫会吸人的血，虎狼会吃人的肉，上天并不是为了让蚊虫、虎狼享受，才创造了人类。"

田氏和众人默然。

岂辱马医

齐国有个穷人，常年在集市上乞讨。集市上的人嫌被他打扰，就不乐意再施舍给他。

这个穷人就来到田家的马厩，帮助马医干点杂活混口饭吃。当时马医在社会上的地位很低。

集市上的人就嘲笑这个穷人，说："你怎么跟着马医混饭吃，不觉得丢人吗？"

这个穷人说："天下最丢人的事还能超过乞丐吗？我当乞丐时也没觉得丢人，难道给马医打杂混口饭吃，能算耻辱吗？"

宋人拾契

宋国有个人,在路上闲逛时拾到别人丢掉的一片废契,拿回家去藏了起来。没人的时候,就去摸着数那废契上的齿痕,心里美得不行。

有一天碰到一个邻居,就神神秘秘地小声告诉他:"我马上要发大财了!"

枯梧不祥

有个人院里的梧桐树枯萎了。

邻家老头告诉他:"院里栽梧桐树当然好,但是,死了的梧桐树还长在那里可不吉祥。"

这个人立即把死掉的梧桐树砍了。

邻家老头给这个人说:"我家里正缺柴烧,你把这枯树给我烧饭用吧。"

这个人听了很不高兴,说:"原来你让我砍树是为了给你家当柴烧,你的心这么阴险,做人难道可以这样吗?"

疑邻盗斧

有个人丢了一把斧子,怀疑是邻居家的孩子偷了。

于是,他看那孩子走路姿势像偷斧子的,脸上的表情像偷斧子的,说话像偷斧子的,做动作像偷斧子的。

不久,这个人自己在田里挖土时发现了那把斧子。改天再见到邻居家的孩子,看他的一举一动,没有一点像是偷斧子的了。

忘却脸面

楚国大夫白公胜满心谋划叛乱，散朝后仍站在原地不动。他倒拿着策马杖，杖尖刺破了他的面颊，血流不止，自己竟毫无知觉。

老百姓听说这件事，说："一个人连脸面都不要了，还有什么不会忘记呢？"

当人的意念专注集中时，走路绊到树桩，失足掉进坑里，或者头撞在树上，自己都不知道。

齐人攫金

从前有个齐国人,想金子都想疯了。

有一天,他穿戴整齐来到集市上,走进卖金子的店里,抓起金子就跑。

官吏捕获了他,问:"那么多人在跟前,你怎么敢明目张胆地拿人家的金子?"

这个齐国人回答:"我拿金子时,只看到了金子,看不到人。"